JN085474

はじめての家族療法

クライエントとその関係者を支援するために

浅井伸彦 編著
松本健輔 著
坂本真佐哉 監修

北大路書房

はじめに

　本書を手にとっていただき，ありがとうございます。

　本書では，家族支援に使えるスタンダードとして「家族療法」についてご紹介します。これまで，家族療法に関する書籍は数多く出されているものの，学術的で難解なものも少なくなく，本書では数多くの事例をご紹介することで，できるだけ家族療法を身近に感じてもらえるように心がけました。

　いずれの心理療法でも，あるいは心理療法以外のことにもいえることですが，家族療法のすべてを「たった一冊」で学べるはずもありません。たった一冊ですべてが学べるのであれば，書籍は一冊で事足りてしまうでしょうし，研修会やワークショップ，学会などは必要なくなってしまいます。とはいえ，この書籍で何が学べるか？　この書籍で学んだ後はどうすればよいのか？といったことがわからなければ，路頭に迷ってしまうこともあるかもしれません。

　そこで，本書では以下のようなことをコンセプトとして執筆しましたので，読み進める上で参考にしていただければ幸いです。

- 初めて家族療法を学ぶため
- 家族療法の学び直しなど，家族療法の概観を知るため
- システムズ・アプローチの源流として家族療法を確認するため
- 家族支援を行うためのヒントを知るため

　なお，本書で語りきれない部分に関しては，それぞれの章末に参考書籍をご紹介して補うことで，本書を起点として学び始めても，さらに学びを深められるように工夫しました。

　本書での学びが，家族支援を行っていく上でのヒントとなったり，家族療法の理解や実践につながることをお祈りしています。

編著者　浅井伸彦

目 次

はじめに　*i*

1章　家族療法って何？ ………………………………………………………………………………… *1*

1. 家族療法のよくある誤解とその特徴　*2*

    （1）家族療法のよくある誤解　*2*
    （2）家族療法の特徴　*6*

2. 家族療法をイメージするための事例　*8*

3. 家族療法はどこから来たの？　*11*

    （1）「個人」から「家族」へ：視点の変化から見る家族療法の起源　*11*
    （2）家族療法の源の一つとなった天才臨床家ミルトン・エリクソン　*12*

2章　家族療法の特徴 ……………………………………………………………………………… *15*

1. 家族療法のいろいろ　*15*

2. 典型的な家族療法はあるの？　*16*

3. IP（患者とみなされたもの）　*17*

3章　家族療法の認識論 1 …………………………………………………………………… *25*

1. システム理論　*26*

2. 円環的認識論　*26*

3. 第一次変化と第二次変化　*30*

    （1）第一次変化　*30*
    （2）第二次変化　*31*

4. 語用論　*32*

5. ダブルバインド理論　*33*

6. コミュニケーションの暫定的公理　*35*

    （1）人がコミュニケーションをしないことは不可能である　*37*
    （2）コミュニケーションには，「情報」と「情報に関する情報」の二つのレベルがある　*37*

（3）人間関係は，人間間のコミュニケーションの連鎖の「パンクチュエーション」
によって規定される　*38*

（4）コミュニケーションでは，「デジタルモード」と「アナログモード」の両者が
使用される　*39*

（5）すべてのコミュニケーションは,「対称的」か「相補的」かのいずれかである　*40*

4 章　家族療法の認識論 2 ……………………………………………… **43**

1. 社会構成主義　*43*

2. 観察するシステムと観察されたシステム　*47*

3. サイバネティックス　*47*

4. オートポイエーシス　*49*

5 章　家族療法家の臨床的態度と考え方 1 ………………………… **51**

1. 家族療法の学び方：どうやって実践につなげていけばよいか　*51*

（1）まずは家族療法の基礎理論を理解する　*52*

（2）よい例を見る / 読む　*52*

（3）実際のカウンセリングにおいて，家族療法の認識論でケースを眺める　*52*

（4）ジョイニングを心がける　*53*

（5）小さな介入から行っていく　*53*

2. ジョイニング　*53*

（1）クライエントを含む家族に対するジョイニング　*54*

（2）個人のクライエントに対するジョイニング　*59*

（3）夫婦に対するジョイニング　*61*

3. 褒める / ねぎらうこと・肩入れすること　*64*

（1）コンプリメント（褒める / ねぎらうこと）　*64*

（2）間接的コンプリメント　*66*

6 章　家族療法家の臨床的態度と考え方 2 ………………………… **71**

1. 家族構造とサブシステム　*71*

2. 境界線・提携・権力　*72*

（1）境界線　*72*

（2）提携　*73*

（3）権力　*74*

3. 家族構造に働きかける　*74*

7 章　家族療法の方法論 1 ·· 77

1. リフレーミング　*77*

   （1）リフレーミングとポジティヴ・リフレーミング　*78*
   （2）ネガティヴ・リフレーミング　*87*
   （3）ポジティヴ・コノテーション　*88*

2. エナクトメント（実演化）　*88*

3. ユーティライゼーション（有効利用化）　*90*

8 章　家族療法の方法論 2 ·· 93

1. チーム・アプローチ　*93*

2. 症状処方　*94*

   ❖ 治療的ダブルバインド　*96*

9 章　ジェノグラムとは ··· 99

1. ジェノグラムの書き方　*99*

   （1）カップルの誕生　*101*
   （2）子どもの誕生　*101*
   （3）離婚と再婚　*102*
   （4）子どもの結婚と出産　*103*

2. ジェノグラムの意義　*103*

   （1）今の家族を理解する　*104*
   （2）家族の歴史を理解する　*104*
   （3）システムとして家族を理解する　*105*
   （4）家族にジョイニングする　*106*

3. 事例から学ぶジェノグラム　*106*

4. 最後に　*111*

10 章　家族療法の歴史と諸派の考え方 ································· 113

1. 家族療法の歴史　*113*

2. 家族療法の諸派　*114*

   （1）精神力動的家族療法　*114*
   （2）コミュニケーション（MRI）派家族療法　*115*
   （3）構造派家族療法　*116*

（4）戦略派家族療法　116
（5）多世代派家族療法　117
（6）ミラノ派家族療法／システミック家族療法　118
（7）ソリューション・フォーカスト・アプローチ／ブリーフセラピー　120
（8）ナラティヴ・アプローチ　121

11章　ソリューション・フォーカスト・アプローチ　123

1. セントラルフィロソフィー　124
2. ウェルフォームド・ゴールを形成する　126
　❖ ミラクルクエスチョン　127
3. 悪かったことではなく，よかった「例外」に光を当てる　129
4. 「どのような質問をするか」が解決を構築する　131
　（1）スターティングクエスチョン　132
　（2）スケーリングクエスチョン　132
　（3）コーピングクエスチョン　133
5. SFA を「解決強要アプローチ」にしない　135

12章　カップルカウンセリング　137

1. はじめに　137
2. カップルカウンセリングの留意点　138
　（1）モチベーションの違い　138
　（2）利害の違い　138
　（3）共通のゴールの難しさ　139
　（4）共感の難しさ　140
　（5）裏腹の言葉の扱い方　140
　（6）性の問題をどう扱うか　141
3. 事例からカップルカウンセリングを学ぶ　142

13章　ナラティヴ・アプローチ 1　151

1. ドミナント・ストーリーとオルタナティヴ・ストーリー　152
2. ドミナント・ストーリーを脱構築する　154
　（1）外在化　155
　（2）影響相対化質問　156
　（3）問題の脱構築　156

（4）ユニークな結果　*156*
（5）オルタナティヴ・ストーリーの命名　*157*

3.　オルタナティヴ・ストーリーを分厚くする　*157*

（1）リ・メンバリング　*158*
（2）治療的文書・治療的手紙　*158*
（3）儀式・式典　*159*
（4）共同研究，リーグ，ネットワーク　*159*
（5）アウトサイダー・ウィットネスグループと輪郭の規定式典　*160*

14章　ナラティヴ・アプローチ2 ⋯⋯⋯⋯⋯⋯⋯⋯⋯⋯⋯⋯⋯⋯*163*

1.　コラボレイティヴ・アプローチ　*163*

（1）概要　*163*
（2）セラピストの姿勢　*164*
（3）問題や対話に対する捉え方　*165*

2.　リフレクティング・プロセス　*166*

3.　ダイアロジカル・アプローチ　*169*

（1）オープンダイアローグ　*169*
（2）未来語りのダイアローグ　*177*

15章　座談会「家族療法の学び方・違いと，家族支援の未来」 ⋯⋯⋯*183*

家族療法の学び方　*183*
家族療法とソリューション・フォーカスト，ナラティヴの違い　*185*
家族療法，SFA，ナラティヴは「使い分け」るか？　*187*
家族療法からのオープンダイアローグと，人道支援からのオープンダイアローグ　*189*
家族支援のミニマムエッセンスとしての家族療法　*191*

人名索引　*195*
事項索引　*196*

1章

家族療法って何？

本章では，いわゆる家族療法というものがどういうものなのかについて，できる限りわかりやすくご紹介し，まずは家族療法のざっくりしたカタチを捉えていただきたいと思います。

さて，本書をお読みいただいている方には，どのような方がいらっしゃるのでしょうか？　ひょっとすると，家族療法をもう何年も学び，実践を行っているという方もおられるかもしれません（先輩方がお読みになっていれば至極恐縮ですが……）。また，「家族療法」という名前を本書で初めて知ったという方や，名前は聞いたことがあるけれども，よく知らないという方，家族療法入門講座や学会などで家族療法を学んだけれども，自分で扱えるほど落とし込めていないという方など様々でしょう（あるいは，クライエントとして家族療法を受けているという方もおられるかもしれませんね）。

本書はあくまで「入門書」という位置づけですので，よくご存じの方には当たり前と思われることがたくさん出てくるかと思いますが，本章では最初にざっくりとした家族療法の誤解されやすい点や特徴についてご紹介し，その後に事例やイラストでご紹介することから，想像力を膨らませていただきたいと思っています。

1. 家族療法のよくある誤解とその特徴

「家族療法」と聞くとどのようなイメージが浮かびますか？　それは，家族療法をどの程度，どのようにして学んでこられたか（あるいはまだ学んでおられないか）によって，大きく異なっていることでしょう。

(1) 家族療法のよくある誤解

家族療法のよくある誤解として以下のようなものがあります（あくまで，よくある誤解＝誤りですので勘違いしないように！）。

よくある誤解 1
「家族療法は，家族に問題がある場合（家族＝問題）に行われるセラピーである」

「家族療法」という名称が紛らわしいため，よく「家族に問題がある。だから家族療法を」と思われることが少なくありませんが，それは違います。家族療法では，家族のことを「家族システム」として考え，その家族システムに起きているコミュニケーションの相互作用を見ます（詳しくは後ほどご紹介します）が，決して「家族に問題がある」と捉えているわけではありません。

家族療法では原因や結果を，固定されている「確たるもの」とは考えず，関係性やシチュエーション，立場などによって異なるものと考えています。多くの場合，「家族に問題がありますね」ということを言われれば，その家族は反発したい気持ちになるでしょうし，「家族に問題がある」と捉えることは逆にセラピーを進めていく上での障害となる可能性だってあります。詳しくは，3章や4章でご紹介する円環的認識論（p.26）や社会構成主義（p.43）の項をご覧ください。

よくある誤解2

「家族療法は一つしかない」

　実は，家族療法の種類は複数存在します。詳しくは10章でご紹介しますが，精神力動的家族療法，システム論的家族療法，構造派家族療法，戦略派家族療法など多種の家族療法があります。また，家族療法の第二世代・第三世代と呼ばれるものも複数あり，それらがより家族療法への理解をわかりづらくしているのかもしれません。

　ここですべての家族療法を均等に紹介することは，逆に「家族療法」というものへの理解の妨げとなると思われるため，本書ではいわゆる典型的な家族療法として，システム理論に基づいた家族療法を主軸としてご紹介し，その他の家族療法については，本書の後半で少しずつお伝えしたいと思います。

よくある誤解3

「家族が参加するカウンセリングのことを家族療法と呼ぶ。家族療法は，家族が全員（少なくとも複数）来なければできない」

　これもよくある誤解です。家族が参加するカウンセリングのことを家族カウンセリングと呼ぶことはあるかもしれませんが，それは家族療法とはまた異なる概念です。「家族療法をやっています」という人によくよく話を聞くと，ただ単に「カウンセリングをする際に，ご家族にも来てもらっている（来てもらったことがある）」というだけの場合があります。家族療法といっても，複数の家族療法の流派が存在しますので，一概にまとめることは難しいですが，典型的には「システム理論*の考え方に基づくコミュニケーションの相互作用に焦点を当てたセラピー」のことを家族療法と呼びます。

　家族療法では，システム理論の考え方に基づいていれば一対一で行うことも十分できますので，家族全員が参加することは必ずしも求められません。た

　＊ コミュニケーションの相互作用を行い続ける2名以上から成るものをシステムと呼び，それを一つのコミュニケーションのまとまりとする考え方。システム論ともいう。p.26も参照。

だ，コミュニケーションの相互作用を扱うという観点から考えると，家族成員のうち2名以上，すなわち複数人が同時にセラピーへ参加している方が，家族療法としては変化を起こしやすいといえるでしょう。

よくある誤解4
「家族療法は，個人の悩みには用いることができない」

やはり「家族療法」という名称が誤解を招くのか，「家族療法をされているということですが，個人療法はされないのでしょうか？」と聞かれることがあります。個人療法と家族療法（個人か家族か）という対比で考えることもできますが，家族療法は「家族など複数人に対するセラピー」だから家族療法なのではありません。家族療法は，家族システムというものを背景として，家族成員間のコミュニケーションの相互作用の変化を試みるものです。そのクライエントの背景として「家族システム」や，コミュニケーションの相互作用を想定していれば，それは家族療法ということができ，個人に対する一対一のカウンセリングであっても，「家族療法を行う」ということができます。

よくある誤解5
「家族療法は，家族メンバー間の問題・悩みに対して行うものであって，職場の人間関係や友人関係，セラピスト─クライエント関係に対して用いることはできない」

家族療法は，やはりその名称から「家族に対して行うもの」と考えられがちです。また，「家族システムというものを背景として」と前述したように，説明する際にも「家族システム」など「家族」という言葉が多用されることから，家族に対して行うものと考えられやすいのです。

実際には家族という縛りはなく，2名以上の間にコミュニケーションの相互作用が存在すれば，家族療法を行うことができます。地域の人間関係，職場の人間関係などによって，地域療法，職場療法などと呼び分けていられないので，すべてまとめて家族療法と呼ばれています。コミュニケーション療

法とか相互作用療法という方が，もう少しわかりやすいかもしれませんね。

よくある誤解6
「家族療法は特殊な能力がなければできない」

「家族療法やシステムズ・アプローチは名人芸ではないか」と言われることが少なくありません。また，家族療法では，難解な用語がたくさん出てきますので，ある程度慣れるまでは小難しい心理療法のように思われるかもしれません。たしかに家族療法では，経験の差が大きく見られたり，天性の才能みたいなものが目立つところもあるかもしれません。ですが，基本的には他の心理療法と同じく，丁寧に家族療法の態度や考え方，技術について学び，事例や実践，スーパーヴィジョンなどを通して上達していくことが可能です。本書では，しっかり一冊を読み込めば，実践へとつなげていけるように構成しました。本書全体を通して学んでいただき，本書のみにとどまらず，さらなる書籍や研修，実践へと進んでいただけることを願っています。

よくある誤解7
「家族療法とシステムズ・アプローチはイコールである」

家族療法を学んでいると，「システムズ・アプローチ」という言葉も同時に出てくることがあります。システムズ・アプローチとは，システム理論に基づくアプローチを指す言葉で，家族療法の認識論（モノの見方）であるシステム理論から生まれたと考えられます。ですが，家族療法があくまで「家族システム」を対象と考えるのに対し，システムズ・アプローチでは「（セラピーに関わる）コミュニケーションの相互作用」を対象としていることから，システムズ・アプローチの中に家族療法が含まれると考えることもできます。

本書では，基本的には「家族療法」を紹介していきますが，システムズ・アプローチについても少し言及したいと思います。

(2) 家族療法の特徴

　家族療法は，その他の典型的な心理療法と比べると，特殊ともいえる部分が少なくありません。その他の典型的な心理療法と比べた「家族療法の特徴」としては，以下のようなものがあげられます。

特徴1
「家族療法は，（あまり）個人の心を対象としていない」

　その他多くの心理療法では，個人の心（あるいは，認知・思考）を対象とし，そのあいまいさや難解さに挑みますが，家族療法では家族関係をはじめとした人間関係や，コミュニケーションの相互作用に焦点を当てます。人は何らかのコミュニケーションを行う際に，心で感じたり（あるいは頭で考えたり）しますが，その内容がどうであれ，結果としてそこに生じているコミュニケーションの側（誰が誰に何をしたのか，その結果どんなコミュニケーションが他者から引き起こされたのか）を重視します。

　そのため，ジークムント・フロイト（Freud, S.）の精神分析ではフロイト自身の人間観というものがその中に表れていたり，カール・ロジャーズ（Rogers, C. R.）のパーソン・センタード・アプローチではロジャーズ自身の人間観がセラピーを行う上で大きな位置を占めていると考えられますが，家族療法では誰かの「人間観」ではなく，ただ「コミュニケーション・パターン」を変化させることで，そこに生じている（問題と呼ばれるものを含む）事象側も変化を余儀なくされる状態をつくり出します。

特徴2
「家族療法は，診断名や症状などの内容よりも文脈を重視する」

　精神医学における投薬は，診断名や症状に合わせてなされ，また認知行動療法などのエビデンスを重視した心理療法でも，診断名や症状からエビデンスレベルを精査し，適用できるかどうかを決定します。

　家族療法では，特徴1で「（あまり）個人の心を対象としていない」と述べ

たように，個人に帰属する診断名や症状，いわゆる「問題」とされる物事がどのようであるか，といった「コンテンツ（内容）」そのものに注目するのではなく，その病気や症状，「問題」はどのようにして生じ，維持されているかという「コンテクスト（文脈）」に注目します。

　特徴1での話と重なりますが，「問題」が問題として存在できないコンテクスト（文脈）さえつくることができれば，同じ物事を「問題」として認識されることはなくなります（例：不登校が「問題」なのは，学校へ行くことを大切にする日本社会において，学校も親も「学校に行けないのは問題」と考えるからだといえます。こういったディスコース（言説）によって，コミュニケーションの悪循環が生成されます）。

特徴3
「家族療法は，原因－結果モデル（病因論）によらない」

　精神分析では，「幼少期の重要な他者との関係の中で生じた何かが，無意識の中に存在する」と考え，それを言語化・直面化することによる浄化（カタルシス）を目指しています。また，行動療法では，問題行動などの「反応」は「刺激」によって起こされていると考え，S-R理論（刺激－反応理論；新行動主義では，O（organization; 有機体）を含む，S-O-R理論）から，罰や報酬といった刺激のコントロールによる問題行動の修正，あるいは適応行動の学習を目指しています。

　それらに対し，家族療法ではそのような原因－結果モデルによらず，「症状や問題行動が起きている⇒何か原因があるはずだ」とは考えません。つまり，「問題を明らかにする」や「原因を除去する」を目的とせず，その「問題」と呼ばれている事象はどのようにして維持されているかを特定し，そのパターンを変化させることを目的とします。その変化の結果として「問題」がなくなるかもしれませんし，「問題」は残っていても「問題」として認識されなく（されにくく）なるかもしれません。

　このあたりについては，読み進めていただくとより鮮明になることかと思

います。

2.　家族療法をイメージするための事例

　ここでは，家族療法的に関わったいくつかの事例（いずれも架空事例）を，非常に簡略化した形でご覧いただきます。家族療法の雰囲気，概観をつかんでいただくために簡略化していますので，特徴的な技法や態度，考え方について，ここでは明らかにしていません。決してこの事例だけで「もうわかった！」とは思わないでくださいね（後の章で詳しく紹介する事例もあります）。

事例1：母親面接（不登校）

　ある母親は，最近息子のAくんが学校に行けない日が増えてきたことから，カウンセリングに訪れました。Aくんは学校で特にいじめられているわけではなく，学校に行けた日にはそれなりに楽しく過ごして帰ってくるようです。

　母親は，「いじめられているわけじゃないのに，なぜ行けないのか」と思い，毎朝Aくんに「今日は学校行けるの？」と聞いていました。夜になると，母親もAくんも「明日は行けるか」について心配し，母親は「学校でつらいことはないか」などAくんに尋ねたりするそうです。

　そこでセラピストは，母親に「朝，学校に行けるかどうかについて聞かないこと。あと，夜に学校についての話をしないこと」と伝えました。

　その3か月後，Aくんは徐々に学校に行く日が増えていき，母親も「Aくんが学校へ行くかどうか」について気にしないようになっていきました。

事例 2：夫婦面接（夫婦関係の問題）

　B さん（夫）と C さん（妻）は結婚して 3 年目です。ここ数か月はちょっとしたことがきっかけでケンカをすることが多くなり，二人で話し合っていても埒が明かないと感じたため，カウンセリングに訪れました。

　B さんと C さんは，家での小さな不満の積み重ねがケンカに発展するということを，いくつかの例を出しながら話してくれました。

Th＊： お二人ともが，関係をよりよくしたいと思っておられるからこそ，カウンセリングにわざわざお越しになったのですね。これはよりよい関係をつくるチャンスです。カップルによくあるのですが，思ったことをお互いに伝えないことがあります。お互いに伝えないと，どんどんとお互いに溝が深まっていって，ついには破綻してしまうかもしれません。ですが，素晴らしいことに，B さん C さんはちゃんと話し合いをしたいと思っておられるから，言葉にして相手に伝えることができているようです。そこまではお二人でたどり着いたということです。今は，それがケンカという形になっていますが，次のステップへ行くためのカウンセリングですね。

Th ： 人はみんなそれぞれ違って当たり前です。そうやって言葉にして話し合えるのなら，あとはここ（カウンセリング）で一緒に落とし所を見つけていく練習さえできれば，きっと今よりもっと素敵なカップルになることができますね。

　その後，何度かのセッションで「相手を尊重し，伝えてくれたことに感謝の言葉を言う練習」を，実際の例を用いて行っていくうちに，夫婦関係はより良好なものとなり，カウンセリングは終結となりました。

　＊事例において，Th はセラピスト，Cl はクライエントを示しています。

事例3：個人面接（否定的な考えに支配されたクライエント）

　Dさんはうつ病と診断され，カウンセリングをすすめられました。カウンセリングでDさんは「それは私のせいなんです」「私が悪いんです」と繰り返し訴え泣き続けます。

　D　：やっぱり私はうつ病なんでしょうか。
　Th　：私はあなたがうつ病かどうか，医師じゃないので診断はできないのですが……ところで，どうやってDさんはそんなに謙虚になれるんですか？
　D　：（泣くのをやめてキョトンとした顔をして）謙虚ですか？　いやいや，そんな私は謙虚なんかじゃありません！
　Th　：ほらほらほら〜「謙虚なんかじゃありません！」って，また謙虚になってるじゃないですか（笑）
　D　：あ……（笑）
　Th　：私が聞いていると，どうも相手のXさんのせいとしか思えなかったんですが，Dさんがお話しされていると，うま〜い具合に「Dさんのせい」になっていて，「え?!　そんなふうに考えると，自分のせいにすることができるんだ！　よくそういうふうに思いつけるなぁ」と感心してたんですよ〜。
　D　：え〜そうですか？　自分では普通だと思っていたんですけど……（笑）
　Th　：いやいや，そんな「自分を下げて，相手をかばう」謙虚になる作戦は思いつかないですよ！　私は全然謙虚になれないので，素直にすごいな〜って。どういう考え方をすればそんな謙虚になれるのか，教えてもらえませんか？
　D　：う〜ん，そうですねぇ……その出来事が起きたときに……（後略）

　その後，何度かこのような「謙虚になる方法を教えてもらう」やりとりを続けていると，3か月後にはカウンセリングに来なくてもやっていけるようになり，その2年後に訪ねてきてくれたときにはすっかり「うつ病」とはいえない

ような元気な姿を見せてくれました。

⇒この事例について詳しくは 7 章 p.81 へ

3. 家族療法はどこから来たの？

(1)「個人」から「家族」へ：視点の変化から見る家族療法の起源

「家族」という視点でケースのことを捉えるようになったのは，ジョン・ベル（Bell, J. E.）の研究や，ネイサン・アッカーマン（Ackerman, N. W.）の精神力動的家族療法に始まります。アッカーマンは，もともと精神分析の考え方に依拠した臨床を行っていました。

元来の精神分析では，母子（あるいは父子）関係を「重要な他者との関係」とし，それ以外の家族成員や社会との関係性を考慮に入れないことで，患者自身あるいは患者と母親（あるいは父親）との関係性について思索を巡らせる形をとりました。患者は，その母子（あるいは父子）関係を，患者－医師（クライエント－セラピスト）関係に転移していると考えることで，臨床における治療関係をも解釈の対象とする土台にのせることができました。面接室に患者以外の人物が入ることを認めなかったのも，（その他家族成員を含む）複雑な人間関係という変数を取り除き，シンプルに患者の分析を行うためであったと考えることができます。

そういった精神分析の「面接室に患者以外の人物が入ってはいけない」という禁忌を破ったのがアッカーマンであり，「family as a whole（全体としての家族）」として，家族が患者に及ぼす影響（そして患者が家族に及ぼす影響）を考慮に入れた家族療法の一つである精神力動的家族療法が生まれることとなりました。

また，カリフォルニアのパロアルト（サンフランシスコの近郊）では，パロアルト・グループと呼ばれる研究グループが，1952 年にグレゴリー・ベイ

トソン（Bateson, G.）らによって立ち上げられました。当初，精神分裂病（今の統合失調症）とその家族を研究することを目的とし，ロックフェラー財団の補助金を得て研究が行われていましたが，その後ベイトソンが抜け，1959年に，精神科医のドン・ジャクソン（Jackson, D. D.）を所長として MRI（Mental Research Institute）が開設されました。MRI では，後述するエリクソンに関する研究のほか，家族を対象とした研究が行われるようになっていきます。

(2) 家族療法の源の一つとなった天才臨床家ミルトン・エリクソン

MRI での研究が家族療法に大きな影響を与えたことは，後に詳しく紹介しますが，その MRI での研究――とりわけ，MRI に所属していたジェイ・ヘイリー（Haley, J.）やポール・ワツラウィック（Watslawick, P.）ら――に大きく影響を与えたのが催眠療法家ミルトン・エリクソン（Erickson, M. H.）でした。アリゾナ州フェニックスで診療を行っていた医師，エリクソンは天才といわれる催眠療法家でした。エリクソンは，必ずしも催眠を用いて臨床を行っていたわけではなく，むしろ半数以上のケースにおいて，彼は催眠を用いずに臨床を行っていました。

難事例とされる患者がエリクソンのもとに紹介され，その一風変わった介入によって，患者の症状や悩みがたちまちのうちに解消されてしまうということがありました。それを見聞きした人たちがエリクソンの臨床を学ぼうと，こぞってエリクソンのもとを訪れましたが，エリクソンは「なぜその介入を行ったのか」と尋ねられても，「それが必要だと思ったからだ」としか答えません。

ヘイリーをはじめとした多くの臨床家は，実際のエリクソンの臨床を観察し，エリクソンと対話を重ねることによって，エリクソンが臨床で行っていることをそれぞれのセラピーへと落とし込んでいきました。その中には，NLP（神経言語プログラミング）や現代催眠（エリクソン催眠ともいう）などがありますが，そこに MRI で行われたコミュニケーション派家族療法，ヘイリーが始めた戦略派家族療法，インスー・キム・バーグ（Berg, I. K.）やスティー

ヴ・ド・シェイザー（de Shazer, S.）が始めた第二世代の家族療法とも呼ばれるソリューション・フォーカスト・アプローチ（Solution-Focused Approach: SFA）も含まれています。

　エリクソンは，小児ポリオによる全身麻痺によって，1年もの間ほとんど身体を動かすことができず，視覚や聴覚のみで観察していたことから，観察力が研ぎ澄まされ，それが後の臨床における観察力にもつながっているといわれています。ここでのエリクソンの紹介は短いものにとどめておきますが，このようなエリクソンの臨床は家族療法の中にも色濃く残っているといえるでしょう。

 より深めるための参考文献

- 東　豊（著）『マンガでわかる家族療法 親子のカウンセリング編』日本評論社　2018年
- 東　豊（著）『マンガでわかる家族療法2 大人のカウンセリング編』日本評論社　2018年
- 坂本真佐哉（編）『逆転の家族面接』日本評論社　2017年

2章

家族療法の特徴

本章では，1章に続き家族療法の具体的なイメージを持っていただくために，家族療法の様々な種類について概論的に紹介します。3章や4章で家族療法の考え方（認識論），5章や6章で態度と考え方，7章や8章で家族療法の技法（方法論）と各論に入っていきますが，本章ではその概要をまず知っていただきたいと思います。

1. 家族療法のいろいろ

家族療法の歴史は，まだほんの70年ほどしかありませんが，その中で多くの臨床家がそれぞれ特徴的な家族療法の形をつくり上げてきました。また，そのような百花繚乱の家族療法の時代の後には，第二世代とも呼ばれる家族療法由来のソリューション・フォーカスト・アプローチ（SFA），ナラティヴ・セラピーなどが生まれてきました。

ここでは各アプローチを詳しくは説明しませんが，本書の後半以降で少しずつ紹介したいと思います。これらの歴史の上に現代の家族療法があり，ある程度の折衷が行われていると考えられます。

第一世代家族療法

　　精神力動的家族療法
　　コミュニケーション（MRI）派家族療法
　　構造派家族療法
　　戦略派家族療法
　　多世代派家族療法
　　ミラノ派家族療法 / システミック家族療法

第二世代家族療法

　　ソリューション・フォーカスト・アプローチ (SFA) / ブリーフセラピー
　　ナラティヴ・セラピー
　　コラボレイティヴ・アプローチ
　　リフレクティング・プロセス
　　オープンダイアローグ（＋未来語りのダイアローグ）

2.　典型的な家族療法はあるの？

　前項の 1. では，様々な家族療法の種類をごく簡単に紹介しました。それぞれが魅力的で多彩な考え方ですが，ここで「典型的な家族療法」というものがあるのかどうかについて疑問が湧いてくるかもしれません。というのも，典型的な家族療法というものがないのであれば，上掲の一覧に示したような多種多様な療法のことを，「家族療法」と呼んで，私たちはコミュニケーションしていることになります。

　先にその答えだけ述べておくと，「家族療法」とひと口に言っても，実践するセラピストによって，実は様々に異なります。現代において，完全に「『構造派家族療法』をしている（他は全く取り入れていない）」など，どれか一つのみの実践はほとんど見られず，実情としては家族療法の流派の中で折衷をしているということがいえると思われます。その中でも，システム理論に基づく考え方がその中心となることが多いことから，本書ではシステム論的家族療法を中心に据え，家族療法の各流派においてよく用いられる考え方や技

法を加えて紹介していくことになります。

　また，日本で行われている家族療法の実践に対し，「システムズ・アプローチ」という言葉が使われるのを聞いたことがあるかもしれません。システムズ・アプローチはシステム論に基づく家族療法から生まれたアプローチです。家族療法が対象を「家族システム」としたことに対し，システムズ・アプローチでは家族システムに特にフォーカスするよりも，セラピストークライエントの二者関係を含めたすべてのコミュニケーションの相互作用関係のことをシステムと考え，コミュニケーションの相互作用に変化を加えていくことによって，システムの変容を目指します。

　以上のことから，システムズ・アプローチは家族療法から生まれたとも考えられる一方で，システムズ・アプローチと呼ばれるアプローチの中に家族療法も含まれると考えることもできるでしょう。

3.　IP（患者とみなされたもの）

　家族療法では，一般的にセラピスト（Th）とクライエント（Cl）という言葉のほか，IP という言葉を用います。IP とは，identified patient（患者とみなされたもの）の略です。たとえば「子どもの不登校」という主訴で来談した母親はもちろんクライエント（依頼者）にあたりますが，その場合の「（不登校という）問題 / 症状を持っている（とみなされている）者」である子どものことを，IP と呼びます。これは，IP ＝患者であるとか，IP に問題があるということではなく，あくまで「問題」や「症状」は，家族というシステムを構成する家族成員の中で，たまたま IP のところに生じているとみなされるからです。

　「不登校」のことを，両親や教師をはじめとした周りの大人が「問題」や「症状」というふうに見た場合に，「不登校＝問題 / 症状である」という現実ができてしまいます。ここでは，そのように決めつけてしまうのではなく，「現在のところ，問題 / 症状であるとみなされている『不登校状態』である者

➡ IP に「不登校」という形で症状が現れている

図 2-1　息子を IP としたジェノグラム

（子ども）」という認識を持って捉えて
いることが，IP（患者とみなされたも
の）という言葉に表されていると考え
ることができるでしょう（図 2-1）。

　それでは，ここから簡単な事例を用
いて，家族療法ではどのような点に注
目するか，また IP と呼ばれる人は誰に
なるかについて考えてみましょう。

家族の捉え方

　家族療法では，「問題や症状をクライ
エント個人が一人で抱えている」とい
う見方をするのではなく，「問題や症状
は，家族間のコミュニケーションの相
互作用において維持されている」と捉
えます（コミュニケーションが，家族
でなく学校での人間関係でも起きてい
れば，学校関係者もその相互作用に含
みます）。

事例 1：登校しぶりの家族

　家族：父親，母親，長女（姉，中学 2 年生），長男（姉から見て弟，小学 4 年
　　　　生）から成る四人家族
　来談者：母親
　主訴：長男の登校しぶり
　家族関係：父親と母親は仲が悪く，よくケンカをしており，子ども（長女と長
　　　　　　男）の面前で口論になることも少なくない。長女と長男とはあまり話さ
　　　　　　ないが，長男の成績は良く，長男が父親に期待されていることについて

長女はよく思っていない。一方で長女は成績が悪く，父親から叱られることが多い。
来談の経緯：長男の登校しぶりが出現。特に学校でいじめられているわけでもなく，担任教師との関係も良好であり，母親は長男に何か問題があるのではないかと思い，カウンセリングを希望。スクールカウンセラーのもとへ行けなかったため，私設相談のカウンセリングオフィスに来室。

　両親の不仲や，両親の口論を子どもの前で見せていること，長女の成績が悪いこと，長女が父親によく叱られていること，長女と長男があまり話さないことなど，フォーカスしようと思えばできるポイントは複数あります。

　しかし，カウンセリングへの来談目的は「長男の不登校」であるため，IP（患者とみなされたもの）は長男であるということができます。

　この事例では，以下のようなことが考えられるかもしれません（家族療法的な考え方ではなく，単純に事例を見聞きした内容から考えられやすいこととして）。

　たとえば……

　「父親と母親の不仲が原因ではないか」
　「長女と長男の関係性がよくないことから，長女が長男に悪い影響を与えているのではないか」
　「父親が長女を叱ったり，母親と口論したり，長男の面前でストレスの負荷がかかることをしているため，父親が問題ではないか」
　「そもそも家族全体が問題なのではないか」

　家族療法では，誰かを絶対的な「問題」として捉えることはなく，また，絶対的な「原因」を特定するようなこともありません。では，家族療法の考え方によると，この事例はどのように捉えることができるでしょうか。一例で

はありますが,家族療法の考え方や動き方をイメージしやすくするために,以下に示します。

1　来談者は母親であるため,ここでは母親が「クライエント」になります。

2　母親の主訴は「長男の登校しぶり」であり,長男が問題と捉えられていること,また長男に「登校しぶり」という形で症状が出現していることから,長男が IP（患者とみなされたもの）ということになります*。

3　母親は,長男のこと（あるいは長男の登校しぶりという症状）が問題と考えていますが,セラピストは「長男の登校しぶりは問題である」とは捉えず,あくまで「母親が問題として考えている,長男の登校しぶり」として捉えます**。

4　さらにセラピストは,「長男の登校しぶりは問題である」と捉える母親の話に耳を傾け,母親が来談してくれたことをねぎらい,来談することになった母親の気持ちを受容し,共感を伝えます（ジョイニング。詳しくは p.53 を参照）。また,「登校しぶり」そのものや,今回カウンセリングに来たことについて,父親や長女はどう捉えているのかについて尋ねたり,母親だけが来談することになった経緯について尋ねたりします。

5　家庭（家族システム）や学校（学校システム）の中で,IP（長男）を取り巻く状況がどのようなものであるか,「コミュニケーションの相互作用」という視点で尋ねます。たとえば,IP が登校しぶりをした際に,周りの家族はどのような反応をしているか（母親が説得するなど）,その周りの反応を受けて,IP はどのような反応（行動,発言,態度）をしているのかについて尋ねることができます。

6　「登校しぶり」を含むコミュニケーションの悪循環を同定し,その悪循環を切

＊ 厳密には「登校しぶり」に対して「症状」という言葉は不適切ですが,ここでは IP という言葉の理解を容易にするために,便宜的に用いています。

＊＊「真の問題は何か？」という視点ではなく,「母親が問題として考えている,長男の登校しぶり」を含む家族成員間の（あるいは学校など他の人間関係も含む）コミュニケーションの相互作用がそこにはあると考えます。

断し，よりよい循環へと変化させるためには，セラピストにどのような介入が
可能かについて考え，実行します。

事例2：夫婦の関係不和の一例

家族：夫婦（子どもなし）
来談者：夫婦
主訴：夫婦の関係不和
夫婦関係：夫婦はお互いに思い合う気持ちもあるが，夫は会社から帰ってくる
　　　　　と疲れてゴロゴロしてばかり。妻は夫の仕事が忙しいことを理解してい
　　　　　るつもりで，また夫婦の時間を大切にしたいと思っているが，ゴロゴロ
　　　　　してばかりの夫にイライラし，休日も家の中にいることが多いことに不
　　　　　満を持っている。毎日のように些細なことで夫婦喧嘩が絶えないが，離
　　　　　婚はしたくない。
来談の経緯：夫婦二人で話し合っていても，結局ケンカになってしまい埒が明
　　　　　かないため，インターネットで調べてカウンセリングオフィスに来室。

　この事例では，カウンセリングへの来談の主訴が「夫婦の関係不和」であ
るため，IP（患者とみなされたもの）は夫婦二人ともと考えることができま
す。夫は妻が問題と考えているかもしれませんし，妻は夫が問題と考えてい
るかもしれません。
　この事例では，以下のようなことが考えられるかもしれません。
　たとえば……

　「夫婦のそもそもの相性が悪いのではないか」
　「夫婦がお互いに思いやりが足りていないのではないか」
　「夫が仕事に忙しく，家ではゴロゴロするなど妻に対する配慮や家庭に対する
協力が足りないのが原因ではないか」

「妻の夫に対する献身が足りていないことが原因ではないか」

　事例 1 と同じように，家族療法では夫婦のいずれか，あるいは根本的な夫婦関係を絶対的な「問題」として捉えることはなく，また，絶対的な「原因」を特定するようなこともありません。この事例でも，家族療法の考え方による捉え方がどのようなものになるか見てみましょう。以下も模範例やマニュアル的なものとは考えず，一例として，家族療法の考え方や動き方をイメージしやすくすることを目的として考えてください。

1　来談者は夫婦二人であるため，夫婦二人とも（夫婦システム）が「クライエント」ということができます。ただしクライエントというとどちらを指すかわからなくなるため，夫と妻というふうに表現することとします。

2　夫婦の主訴は「夫婦関係の不和」であり，夫婦ともに IP（患者とみなされたもの）と考えることができます。ここでも 1 と同じく，IP という言葉を用いるとどちらを指すかわからなくなるため，あえて IP という言葉を使う必要はありません。

3　夫は，妻のことを問題として考えているかもしれませんし，逆に自分自身のことを問題として捉えているかもしれません。妻も同様です。また，「そもそも夫婦の相性が悪い」と捉えているかもしれません。セラピストは「○○が問題である」とは捉えず，「夫が何を問題として捉えていて，改善するためにどのような努力をしているか」「妻が何を問題として捉えていて，改善するためにどのような努力をしているか」について聞いていきます*。

4　さらにセラピストは，夫婦それぞれの話に耳を傾け，現状の悩みに対して共感

＊「真の問題は何か？」という視点ではなく，夫や妻は何を問題として考えていて，その（各々が捉えている）問題を解決するためにどのような努力（解決努力）をしているか，各々の「夫婦関係の不和」に対する捉え方や解決努力がどのような悪循環を形成しているか，コミュニケーションの相互作用について見ていきます。

します。また，来談するまでにどのような話し合いが夫婦でなされたかを聞き，いずれかがあまりカウンセリングに積極的じゃなかったとしても，結果として二人がともに意思を持って来談したことをねぎらいます（ジョイニング。詳しくは p.53 を参照）。

5 「コミュニケーションの相互作用」という視点で，夫婦間のやりとりがどのようなものかについて尋ねます。たとえば，ケンカに発展する前のやりとりが具体的にどのようなものなのか，夫のどのような行動に対して「ゴロゴロしている」と妻が捉えているのか，夫が家に帰ってゴロゴロしていることに対して，妻はどのような反応をしているか，その反応を受けて，夫はどのような反応（行動，発言，態度）をしているのかについて尋ねることができます。

6 夫婦喧嘩に関するコミュニケーションの悪循環を同定し，その悪循環を切断し，よりよい循環へと変化させるためには，セラピストにどのような介入が可能かということを考え，実行します。

　さて，少しはイメージをしていただけたでしょうか。上記ではいくつか専門用語が出てきたことや，具体的な会話の流れが書かれていないこと，IP を含む家族や学校の状況について書かれていないことから，すべてはわかりませんし，ここですべてをわかる必要もありません。

　1章・2章の目的は，家族療法の大まかなイメージをしていただくことですので，読み始める前よりも，何となくでもイメージがつかめてきているようでしたら，それで十分です。3章からは家族療法の認識論（世界 / 社会の捉え方）について，一つ一つもう少し詳しく見ていきましょう。

 より深めるための参考文献

- 長谷川啓三・若島孔文（編）『事例で学ぶ 家族療法・短期療法・物語療法』金子書房　2002年
- 東　豊（著）『超かんたん 自分でできる 人生の流れを変えるちょっと不思議なサイコセラピー』

　　遠見書房　2021 年
- 日本家族研究・家族療法学会（編）『家族療法テキストブック』金剛出版　2013 年
- ロバート・シャーマン，ノーマン・フレッドマン（著）岡堂哲雄・平木典子・国谷誠朗（訳）『家族療法技法ハンドブック』星和書店　1990 年〔Sherman, R. & Fredman, N. (1986). *Handbook of structured techniques in marriage and family therapy*. Taylor and Francis.〕
- 宋　大光・東　豊・黒沢幸子（著）『もっと臨床がうまくなりたい——ふつうの精神科医がシステムズアプローチと解決志向ブリーフセラピーを学ぶ』遠見書房　2021 年

3章

家族療法の認識論 1

　本章では，家族療法に特徴的な「社会（や症状）の捉え方」について紹介します。精神分析におけるジークムント・フロイト（Freud, S.）の人間観や，パーソン・センタード・アプローチにおけるカール・ロジャーズ（Rogers, C. R.）の人間観のように，心理療法にはその形を成すための基盤となる考え方があります。認知療法や行動療法では，「人間観」というよりはむしろ「社会（や症状）に対する捉え方」といえるかもしれません。認知療法においては，アーロン・ベック（Beck, A. T.）によって「認知の歪み」を想定し，その歪みを修正するということが考えられ，行動療法では，学習理論をもとに「刺激（と有機体）と反応」の関係として社会，症状のことを捉えようとしました。

　では，家族療法ではどのような社会や症状の捉え方をしているのでしょうか？　家族療法では「（システムにおける）コミュニケーションの相互作用」というものを重視します。そのような社会（や症状）の捉え方を知るために，それぞれの考え方を知っていただければと思います。それぞれの用語は，本来的にかなり難解なものですので，ごく簡略化してお伝えしていることを付記しておきます。

1. システム理論

　システム理論では，二者以上のコミュニケーションを行う関係性のことを「システム」と呼びます。生物学者のルートヴィッヒ・フォン・ベルタランフィ（von Bertalanffy, L.）の一般システム理論がもととなっています（図 3-1）。

　二者以上の人間が存在することで，その間にはコミュニケーションの関係が生じると考えられます。たとえば，親と子の関係（親子関係）は親子システムと呼ぶことができ，夫と妻の関係（夫婦関係）は夫婦システムと呼ぶことができます。人数を一人増やして三者で考えると，父親－母親－子どもの三者関係のことを家族システムと呼ぶことができます（もちろん子どもが二人いる四者関係であっても，片親であっても家族システムといえます）。

　さらに親戚も加わると親戚システム，地域に関係性を広げると地域システム，日本だと日本システム……などと呼べそうですが，セラピストにとって最も身近で小さなシステムとしては，セラピスト－クライエントシステムがあります。家族療法は，複数人での面接にも対応したセラピーですが，このようにセラピストとクライエントの二者関係であっても，システムとして捉えることができるため，一対一の個人面接としての家族療法的アプローチをとることも可能なのです。

2. 円環的認識論

　円環的認識論という考え方は，円環的因果律や円環的因果論，もしくは円環的思考法などと呼ばれることもあります。それに対する直線的認識論（あるいは直線的因果律，直線的因果論，直線的思考法）を，私たちは普段用いて社会を捉えていますので，まずは直線的認識論から説明したいと思います。

　直線的認識論とは，次の図 3-2, 3-3 の左側にあるような「A は B の原因になる」という直線の矢印で表されるような考え方です。普段，私たちは何か

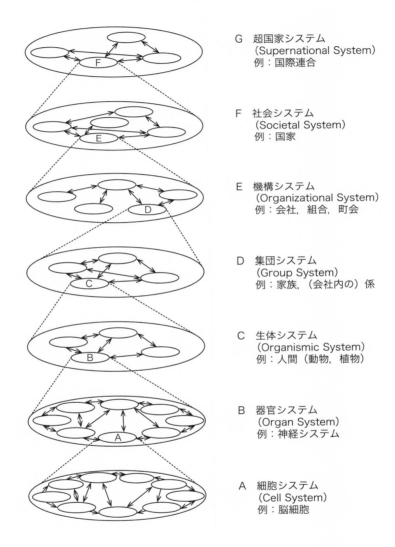

G 超国家システム
(Supernational System)
例：国際連合

F 社会システム
(Societal System)
例：国家

E 機構システム
(Organizational System)
例：会社，組合，町会

D 集団システム
(Group System)
例：家族，（会社内の）係

C 生体システム
(Organismic System)
例：人間（動物，植物）

B 器官システム
(Organ System)
例：神経システム

A 細胞システム
(Cell System)
例：脳細胞

図 3-1 生物体システムの 7 つのレベル（Miller, 1980; 遊佐, 1984）

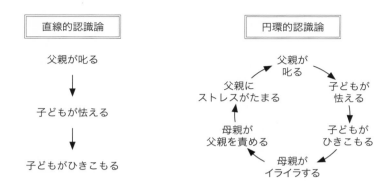

図 3-2　認識論の違い 1

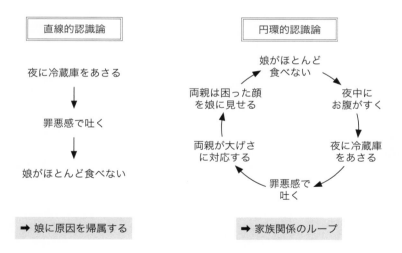

図 3-3　認識論の違い 2

問題が起きたり病気になったりすると,「一体何が問題なのか」「何が原因で今の状態になったのか」ということを考えがちです。そのこと自体は全く悪いことではないのですが,Bという事象が起きれば,「原因となるAが何なのか」ということに思いを馳せ,Aを変えようとしたりAを唯一の原因と考えたりしてしまうことがあります。

また,ここで取り上げる「円環的認識論」とは,直線的認識論に対する概念として,「AはBの原因であり,BはCの原因であり,CはDの原因であり,さらにDはAの原因でもある」というふうに,それぞれの要素は円環 / 循環していると考える捉え方です(図3-2,3-3の右側を参照)。

社会における多くの現象には,単純に「原因と結果」に分けられないものも多く,また原因が一つでないことも多々あります(たとえば,家族や学校,友人関係,対教師関係,学業不振など複合的な要因が複雑に絡み合うことによって,不登校になるなど)。それらが複雑に絡み合って円環 / 循環していく様子を完全に解明して図で表すことは容易ではありませんが,その一部を図で表すことは可能です。ここで表されているものは,絶対的・唯一の原因と結果というふうには捉えることはできませんが,時間的な関係性としてはあながち間違いではないと考えられるでしょう。このような「(いわゆる)問題」を含んだ円環 / 循環は悪循環となりやすく,毎日のように同じことを繰り返しているようにも思えます。

たとえば,図3-4のように「(いわゆる)問題」に後続する行動は,多くの場合その「(いわゆる)問題」をどうにかしようと「よかれと思って」行われる行動です。ですが,図の中で表されるようにその「よかれと思って」行われる行動は,結果的に功を奏さないことも多く,その行動は解決策として,うまくいっていないにもかかわらず続けられてしまいます。そのような「よかれと思って」行われる,うまくいっていないにもかかわらず続けられてしまう行動のことを,偽の解決策という意味で「偽解決」と呼びます。

家族療法では,その「偽解決」をやめて代わりに行う行動を検討しますが,具体的な方法については,また後の章で詳しく述べたいと思います。

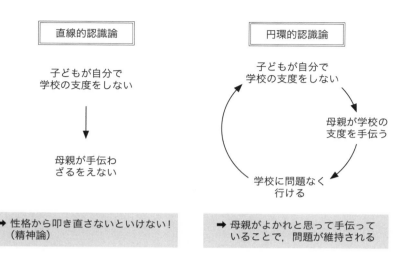

図 3-4　直線的認識論と円環的認識論との違い

3. 第一次変化と第二次変化

　MRI によるコミュニケーション派家族療法では，悪循環が問題を維持していると考え，そのことを第一次変化とも呼びます。またそれに対し，家族療法では悪循環を切断し，システムの持つ自己組織性によって問題を含まないシステムへと変化させること（第二次変化）で支援を行います。

(1) 第一次変化

　人は何か問題が生じると，それを解消しようと何らかの解決努力を行います。その解決努力でも問題が解消されない場合，他の思いつく限りの方法を試してみて，それでもうまくいかない場合には，カウンセリングに来ることになるかもしれません。

　時には，問題が解消されないどころか，その解決努力によってより悪化し

てしまうことも少なくありません。たとえば，強迫性障害の子どもを助けよ
うと，親がその強迫行為を行うことを手伝ってしまうことがあります。親が
手伝えば手伝うほど，その強迫行為は増加していき，親が手伝い始める前に
はなかった強迫行為まで追加されてしまうことがあります。また，不登校の
子どもに対し，親や教師が何か役に立つことをしようと東奔西走し，そのこ
とによって，余計に学校に行きにくくなることや，大人との関係性がつくり
づらくなることもあります。

　このように第一次変化とは，問題を解消しようとする解決努力を続けるこ
とにより，悪循環を維持，あるいはさらに悪化させるような変化を起こして
しまうことをいいます。

(2) 第二次変化

　第二次変化とは，第一次変化に対して逆説的な変化のことを指します。

　第一次変化で用いた例でいうと，強迫性障害の子どもをこれまで手伝って
いた親が手を貸さないようになると，その子は親の手を借りずとも何とかそ
の状況を乗り越えざるをえなくなるため，少しずつ強迫行為をやめる方向に
自分の力を使えるようになるかもしれません。また，これまで不登校の子に
対して，学校に行けるようになる方法をあれこれ探していた周りの大人たち
（親や教師たち）がその行為をやめ，学校に行かなくても済む環境を整え始め
ると，その子は自ら悩むようになり，学校に行くことを考え始めるかもしれ
ません（もちろん，上記の例は「このような方法をとればうまくいく！」と
いうコンテンツ（内容）ではなく，後述するコンテクスト（文脈）に沿った
理解に基づいた形で，第二次変化を起こす方法を選ぶ必要があります）。

　家族療法，とりわけ MRI のコミュニケーション派家族療法では，この第二
次変化を起こしていくことを目的としていると考えられます。

4.　語用論

　「語用論」とは，もともと言語学の言葉です。言語学には大きく分けて，「統語論」「意味論」「語用論」という言葉があります。

　語用論とはその名の通り「語（＝言葉）の用い方の（理）論」のことで，言葉とは用いる場面や発する人，受け取る相手によって意味合いが異なってくるということを示しています。たとえば，バカという言葉一つとっても，ピリピリした上司－部下の関係で，上司が部下に向かって「バカ」と言えば，「頭が悪い」という意味や侮辱という意味で捉えられるかもしれません。それに対して，ラブラブの恋人関係でよい雰囲気の中で，彼女から彼氏に「バカ」と言えば，「愛している」という意味に捉えられるかもしれません。家族療法では，このような語用論的理解が，文脈の理解において重要視されています。

同じ言葉でも
文脈によって
意味合いが違う!!

文脈の理解に重要視される語用論的理解

5. ダブルバインド理論

　ダブルバインド理論（二重拘束理論）とは，家族療法の父とも呼ばれるグレゴリー・ベイトソン（Bateson, G.）らが，パロアルト・グループで行った研究から生み出された概念です。ダブルバインドは，あるメッセージ（言語的）と，それとは矛盾するメタメッセージ（非言語的）を同時に与えられることによって，混乱する状況に置かれることをいいます。

　たとえば，子どもが母親に笑顔で呼ばれたので，近づいてみると不快な顔をされた場合,その子どもはどう思うでしょうか。おそらく子どもはネガティヴなメッセージ（不快な顔）の方が母親の本心だと思いながらも，笑顔で呼ばれたこととの矛盾に苦しむことでしょう。

①笑顔で呼ばれたので,　　②近づくと…　　③不快な顔をされる

通常のダブルバインド

治療的ダブルバインド

Column

　その他のダブルバインドの例として
は，次のようなものがあります。
　通常：相談すると「自分で考えなさ
い」と言われ，自分で考えて行動する
と「事前に相談しなさい」と言われる。
　治療的：パニック障害がある人に

「電車に乗るときに，自分でパニック発
作を起こすように」（症状処方）と伝え，
発作を起こした場合は，症状をコント
ロールできたと褒め，パニック発作を
起こせなかった場合は，症状（パニッ
ク発作）を減らせたと言って褒める。

言語的コミュニケーションと非言語的コミュニケーションが
異なる意味を持つ状況（＝ダブルバインディングな状況）

　ベイトソンらは，「精神分裂病の理論化に向けて（Towards a theory of schizophrenia）」という論文を執筆することとなった研究の中で，「分裂病患者におけるダブルバインド仮説（ダブルバインディングなコミュニケーションが行われる家族の中に暮らすことが，精神分裂病（今でいう統合失調症）の発症の原因となる）」を提唱し，ダブルバインド仮説は知られるようになっていきました。

　現在では，ダブルバインドが統合失調症の原因とは考えられていないものの，このダブルバインド理論という考え方自体は今でも残っています。

6. コミュニケーションの暫定的公理

　前述のように，MRI のコミュニケーション派家族療法では，コミュニケーションの相互作用に注目します。では，「コミュニケーション」とはどういったものを含むのでしょうか？　コミュニケーションに関する定義について，ポール・ワツラウィック（Watslawick, P.）らは「コミュニケーションに関する五つの暫定的公理（five basic axioms）」として，次のような公理を示しています（遊佐, 1984, pp.184-194）。

1　人がコミュニケーションをしないことは不可能である。

2　コミュニケーションには,「情報」と「情報に関する情報」の二つのレベルがある。

3　人間関係は, 人間間のコミュニケーションの連鎖の「パンクチュエーション（punctuation）」によって規定される。

4　コミュニケーションでは,「デジタルモード（digital）」と「アナログモード（analogic）」の両者が使用される。

5　すべてのコミュニケーションは,「対称的（symmetrical）」か「相補的（complementary）」かのいずれかである。

話しかける

無視
（反応しない）

このこと自体もコミュニケーション !!

コミュニケーションは常にある

Column

　　　行動分析学では, オージャン・リンズレー（Lindsley, O. R.）による死人テスト（Dead-man Test）といわれるものがありますが, その中では「死人にできることは行動ではない」として,「行動」が定義されています。「静かにしている」という状態は死人にもできますが,「静かにする（黙る）」ということは死人にはできないため（死人はそもそも騒がない）,「静かにする（黙る）」＝「行動」であるということができます。

(1) 人がコミュニケーションをしないことは不可能である

　コミュニケーションには，言語による双方のやりとりだけでなく，非言語によるものも含まれます。言語的なコミュニケーションはいうまでもありませんが，非言語的なコミュニケーションには「無視」なども含まれます。Aさんが話しかけてきたことに対して，Bさんが無視をした場合，BさんはAさんに対して「無視」というタイプのコミュニケーションを行ったということがいえます。

(2) コミュニケーションには,「情報」と「情報に関する情報」の二つのレベルがある

　語用論の説明（p.32）にあった「バカ！」と「バカ♡」の違いのように，言葉の意味合い（情報）としては「バカ＝頭が悪い」であっても，そこに加えられる語気や文脈など（情報に関する情報）によって，意味合いが異なってくるということがあります。また,ある人が「（君の話を）聞いているよ」と言いながらもスマートフォンやパソコンに視線を向け，それらをいじっている状態であるとき，そこでは,「話を聞いている」という言語的情報と，「『〜

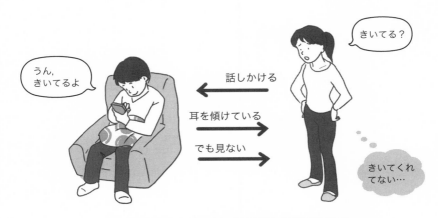

コミュニケーションの言語的情報と非言語的情報

ながら』でしか聞いていない」という非言語的情報の二つのレベルのコミュニケーションが同時に行われているということがいえます。

　有名なエピソードとして，京都で「ぶぶ漬け*でもどうどす？」や「ええ時計してはりますなぁ」などと言われると，前者には「早くお帰りください」，後者には「話が長い」という意味があるといわれることがあります。これは「早くお帰りください」「話が長い」という意味のメタコミュニケーションが「ぶぶ漬け」や「時計」の言葉に含まれている，といえるでしょう（実際にこれを言っている人を見たことはありませんが……）。

　このように，コミュニケーションに関するコミュニケーションである「メタコミュニケーション」が人間関係における問題となることは少なくありません。

(3) 人間関係は，人間間のコミュニケーションの連鎖の「パンクチュエーション」によって規定される

　人間間において行われるコミュニケーションは，絶えず行われるものと考えることができます。何もしてないことすらコミュニケーションになること（p.36参照）から，コミュニケーションの始まりと終わりとを規定することは難しいといえるでしょう。行動療法における学習理論では，刺激（stimulus）と反応（response）との関係（S-R），あるいは刺激（stimulus）と有機体（organism），反応（response）の関係（S-O-R）で表し，何が「刺激」で，何が「反応」かを明確に規定しますが，コミュニケーションという側面で見ると，どちらが「刺激」で「反応」かはわかりえません。

　たとえば，夫婦間において「夫が仕事で忙しいから，妻が家事をする」のか，「妻が家事をしてくれるから，夫が仕事で忙しくできる」のかはどちらが先とでも言うことができます。また，「妻が働いているから，夫が家事をす

　＊ぶぶ漬け＝お茶漬けのこと。

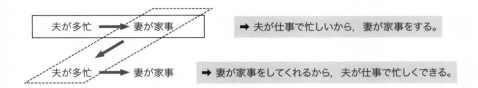

どこに句読点（「，」や「。」）をつけるか（どこで
区切って考えるか）で，現実への認識が変わる

図3-5　コミュニケーションの区切り方による意味合いの変化

る」ということは，「夫が家事をするから，妻が働くことができる」ともいえ
るでしょう。

　すなわち，「どちらが先行すると捉えるか」については，「どこにパンクチュ
エーション（punctuation; 句読点）を打つか」に依存しており，逆にいえば
「どこにパンクチュエーションを打つか」を変えれば，現実に対する認識が変
わりうると考えられます（図3-5）。

(4) コミュニケーションでは，「デジタルモード」と「アナログモード」の両者が使用される

　人間間のコミュニケーションは，言語的コミュニケーションが主体となり
ますが，多くの場合，言語的コミュニケーションを行う中でも，非言語的な
意味合いによって理解が補われます。人間は，その両者を含んだ形でコミュ
ニケーションを行い続けているといえるでしょう。

　つまり，コミュニケーションにはデジタルの部分（デジタルモード）とア
ナログの部分（アナログモード）とが含まれているといえます。デジタルモー
ドは論理的で情報伝達に向いており，AI（人工知能）はデジタルモードが得
意です。「言語的なコミュニケーション」は，デジタルモードがメインとなっ
ていますが，そこにアナログモードとしての「非言語的なコミュニケーショ

ン」が含まれます。

　また,デジタルには非言語も含まれ,たとえば「(悲しいときに流れる) 涙」がそれにあたります。涙は「悲しいときに流れるもの」という記号として捉えることができますが,一方でうれしいときに流れるものでもあるため,アナログモードではその状況に応じて「悲しい涙」か「うれしい涙」かなどの判断がなされます。

(5) すべてのコミュニケーションは,「対称的」か「相補的」かのいずれかである

　コミュニケーションは,互いに対称的なパターンを繰り返す対称的 (symmetrical) コミュニケーションか,互いに補い合うパターンを繰り返す相補的(complementary)コミュニケーションに分けることができるとされます。

　たとえば,A さんが怒り,B さんが A さんの怒りに反応して怒り,さらに A さんはそれを受けて怒る……といった互いにエスカレートさせ合うコミュニケーションを,ここでは「対称的」なコミュニケーションと呼んでいます。他にも,A さんが話し,B さんもそれに対して反論し,A さんも B さんに反論する……といったコミュニケーションも,「対称的」なコミュニケーションといえます。また,逆に下方にエスカレートしていく場合もあります。たとえば,A さんが謝罪し,B さんがそれに対して「いえ,自分の方が悪いので」と謝罪し,それに対して A さんも謝られることに申し訳なくなって,さらに謝る……といった場合が考えられます。

　それに対して,「相補的」なコミュニケーションとは,上記の例でいうと A さんが怒ったことに対して B さんが謝罪し,B さんの様子を見てさらに A さんが怒り続ける(叱り続ける)というパターンを形成している場合が考えられます。同じく A さんが話し続け B さんが聞き続ける(話さない)というものも「相補的」なコミュニケーションの一つということができます。

対称的コミュニケーション　　　　相補的コミュニケーション

意見を言う ➡　← 意見を言う

話す ➡　← 聴く

怒る ➡　← 怒り返す

叱る ➡　← 謝る

謝る ➡　← さらに謝る

世話をする ➡　← 甘える

対称的コミュニケーションと相補的コミュニケーション

より深めるための参考文献

- 赤津玲子・田中　究・木場律志（編）『みんなのシステム論──対人援助のためのコラボレーション入門』日本評論社　2019 年
- Miller, J. G. (1980). The family as a system. In C. K. Hofling & Lewis, J. M. (Ed.). *The family: Evalutation & treatment*. New York: Brunner/Mazel.

- ポール・ワツラヴィック，ジャネット・ベヴン・バヴェラス，ドン・D・ジャクソン（著）山本和郎（監訳）『人間コミュニケーションの語用論——相互作用パターン，病理とパラドックスの研究［第 2 版］』二瓶社　2007 年〔Watzlawick, P., Bavelas, J. B., & Jackson, D. D. (1967). *Pragmatics of human communication: A study of interactional patterns, pathologies and paradoxes.* W. W. Norton & Company.〕
- 遊佐安一郎（著）『家族療法入門——システムズ・アプローチの理論と実際』星和書店　1984 年

4章

家族療法の認識論 2

　本章でも引き続き，家族療法において用いられる理論について紹介します。

1.　社会構成主義

　この世の中には，現実は一つだけでしょうか。現実は人の数だけあり，現実に存在する社会は，人々の間で発見され，合意されることによって，その存在が生まれるとする考え方を社会構成主義といいます。社会構成主義的な見方を捉えていただくために，次にいくつかの例を出してみたいと思います。

　たとえば「AくんがBくんのことを叩いている」という場面を見たとします。それを見たCさんは，「AくんはBくんのことをいじめている」とか「AくんはBくんに暴力をふるっている」と捉えるかもしれません。そこで，CさんがBくんに「いじめられていたの？」と尋ねると，「ただのいつものじゃれ合いなので気にしないで！」と言われました。また，Aくんにも尋ねると，「叩いた？　いや，スキンシップはとったかもしれないけど，そんな暴力ふるっていたつもりはないよ！」と言われました。

　この場合，一つの場面に対し，Aくんは「スキンシップ」と捉え，Bくんは「いつものじゃれ合い」と捉え，それを見ていたCさんは「いじめ？　暴

人の数だけ現実がある

力?」と捉えていました。ここからいえることは,「AくんがBくんのことを叩いている」という場面に対して,この3名はそれぞれにとって「主観的な現実」を捉えたということです。「この3名のうち誰が正しいか」ではなく,いずれも現実だといえるでしょう。

　この話の後,Aくんは「スキンシップ」という言葉を用いてBくんと話すと,Bくんは「いつものじゃれ合い」と言っていた言葉を「スキンシップ」と言い換えることになるかもしれません。このように,「スキンシップ」という合意が2名の間で行われたとき,その場面は「スキンシップをしていた」と定義されるのです。ここで注意しなければならないのは,このような「いろいろな見方がある」という社会構成主義的な考え方を,いじめや暴力の問題において,それらの存在を曖昧にするための理屈として使うようなことがあってはならないということです。たとえば,暴力があり,殴られている側が「問題ない」「プロレスごっこだ」と主張した場面について,「いろいろな見方があるんだ」などと言って,支援者が見過ごすようなことがあってはいけません。同じように虐待でも,「体罰なんて昔は普通だった。今の社会がそれを規定しているんだ」などというような,虐待する側の理論武装の材料と

してこの考え方が使われないように配慮することも必要です。

　また，別の例を考えてみましょう。

　ある母親は，自分の息子（Dくん）のことを「元気で活発な子」と考えており，夫とも「いつも元気だね〜」と話していました。ある日，Dくんが幼稚園に入園した際，クラスの先生から「DくんはADHDかもしれないね」ということを言われました。そこで母親は少し不安になり，小児科のドクターを訪ね，幼稚園で「ADHDかも」と言われたことを話すと，「たしかにADHDに典型的な特徴はあるので，そういう可能性はある」と言われました。母親は帰ってから夫に，幼稚園や小児科で「ADHDかもしれない」と言われたことについて話すと，夫もそんな気がしてきました。

　この話では，もともとこの夫婦の間では息子Dくんのことを「元気で活発な子」と捉えていたにもかかわらず，母親が幼稚園の先生やドクターと「ADHD」という言葉を用いてコミュニケーションを行い，その後，夫とも「ADHDかもしれない」という会話を繰り広げたことで，「DくんはADHD

言葉が共有されることで現実が構成されていく

かもしれない」という考えが「現実」としての色彩を色濃く持つようになりました。

　精神疾患は「操作的診断基準」によって定義されており，身体疾患と比べその疾患の有無についてはそもそもあいまいなものです。また精神疾患のみならず，ADHD などの発達障害については，スペクトラム（連続体）といわれるようにグレーゾーンが広く，多くの身体疾患のように明確に「ADHD である」とはいえません。上記の例では，「ADHD」という言葉はもともと両親の頭にはなかったにもかかわらず，「ADHD」という言葉を用いて会話がなされていき，話者の間で合意がなされていったことにより，あたかも真のADHD が存在するかのようにして，D くんに対するラベリングが生まれてきたと考えられます。

　いじめや暴力の問題と同様に，ADHD の例でも配慮が必要といえるでしょう。確かに，ADHD という言葉を理解することで「元気で活発な子」から「ADHD で問題のある子」に見方が変わることがあります。だからといって，ADHD で困っている子どもを「親の見方の問題だから」といって放置することは，あまりにも無責任だといえます。実際に，早期発見をすることで社会適応を促進することが可能な場合も多くあるため，このような倫理的な側面や，社会的・実質的な側面を考え続けることが必要です。

　以上のように，社会構成主義では「一つの絶対的な現実がある」という見方をするのではなく「それぞれの人に固有の主観的現実がある」という見方をし，言葉を用いて「ある主観的現実」に関する話を他者と共有することで，その主観的現実がますますその色を濃くし，あたかも真の事実＝真実であるように捉えられるなどして，現実が構成されていくと考えます。こういった意味の上では，社会にはそれぞれの主観的現実が人数分存在し，「客観的現実というものは存在しない」とも考えることができるかもしれません。「（いわゆる）問題」について，「それは問題である」と話し合いを続ければ続けるほど，「（いわゆる）問題」はどんどん問題としての色調を強めていき，問題は本当に「問題らしく」なると考えられます。

こういった事情があるため，家族療法を行うセラピストは「（いわゆる）問題」のことを「問題」とは言わず，「問題とされていること（＝それが本当に『問題』かどうかはわからないが，とりあえずのところ『問題』として共有されていること）」という表現をすることがあります。

2. 観察するシステムと観察されたシステム

従来，「セラピストはシステム（たとえば，家族システム）を外部から眺めるという形で，各システムのことを見立て，介入する」と考えられてきました。セカンドオーダー・サイバネティックスでは，セラピストがシステムと関わった時点で，セラピスト自身もシステムの一部とみなされ，「システムの一部であるセラピストが，自らの属するシステムを見立て，介入する」と考えられるようになりました。

セラピストは，システムと関わった時点で，「純粋な観察者視点に立って介入する」ということはできません。セラピストはその時点からシステムの一部であり，システムの構成員であるセラピストがそのシステムの別の構成員である誰かに対してコミュニケーションを行うことで，システムは変容し，そのシステムの変容によって，セラピストも影響を受けると考えられるのです（図 4-1）。

3. サイバネティックス

このサイバネティックス（cybernetics）という言葉は，数学者であるノーバート・ウィーナー（Wiener, N.）によって提唱されました。サイバネティックス（Κυβερνήτης）とは，ギリシャ語で「操舵手（船の舵を切り，一定の方向へと動かす者）」という意味です。第二次世界大戦において高所を飛ぶ爆撃機を撃墜するために，誘導弾の軌道を常に修正し続けることでその命中率を上げる「自己制御」を行う研究に由来します。

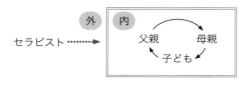

システムはセラピストにより観察されている

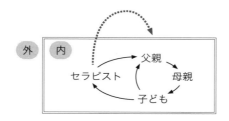

システムの一部であるセラピストが内側・外側の双方から観察している

図4-1　観察するシステムと観察されたシステム

　サイバネティックスでは，自己制御を行う際のフィードバックが重要と考えられていました。この（負の）フィードバックという考え方が，先にご紹介した円環的認識論へとつながっています。

　このサイバネティックスやそこで用いられるフィードバックという概念が，家族療法における家族の捉え方に大きな影響を与え，家族療法の基礎を形づくりました。その昔，ドン・ジャクソン（Jackson, D. D.）が家族を捉える際に，サイバネティックス理論と，ウォルター・キャノン（Cannon, W. B.）がクロード・ベルナール（Bernard, C.）の理論を発展させたホメオスタシス（homeostasis）の考え方を用い，家族ホメオスタシス（family homeostasis）という概念を提唱しました。ホメオスタシスとは「恒常性」の意味で，生物の内部環境を一定に保ち続けるシステムのことをいいます。たとえば，気温や湿度などによって身体は影響を受けます。その際，体温や血圧などは常に上

当たる

当たらない

フィードバックして
当たるように自己制御する

軌道を常に修正し続け，命中率を上げる「自己制御」

下を繰り返していますが，逸脱するような変化がある中でも，身体は常にそれを検知し，一定を保とうとしています。そのような生物学的な概念であるホメオスタシスという言葉を，ジャクソンは家族システムにも応用し，「家族というある意味閉じられた世界の中で，常に行われる家族成員間のコミュニケーションは，逸脱を検知すると，もとの状態に戻そうとする力が働き，一定を保とうとする」と考え，それを家族ホメオスタシスと呼んでいました。

4. オートポイエーシス

オートポイエーシス（autopoiesis）とは，1970年代に生物学者であるウンベルト・マトゥラーナ（Maturana, H. R.）とフランシスコ・ヴァレラ（Varela, F. J.）によって提唱された新しいシステム理論です。オートポイエーシス（αυτό ποίησις）とは，ギリシャ語で自己生成・自己生産を意味し，主観的な世界も含め，生物は自らを構成する要素を自分で生成し続けながら，その生命を維持しているということを指します。また，自己生成は，生命にとどまらず社会システムや経済システムも，自己生成をし続けることによって，そのシス

テムを維持することができていることを指します。

　従来のシステム理論には，セラピストが「システムの外部」から，クライエントやIPを含む「システム」と，「そのシステムを構成する各家族成員」を観察するという観点がありました。それに対しオートポイエーシスでは，セラピストは「システムの一部」であり，そのシステムや構成員そのものの「動き」や「プロセス」を観察します。システムに生じるコミュニケーションの連鎖の中で，システム自体が自律的に自己生成を繰り返していくとされ，セラピスト自身もそのシステムの一部として，ともに変容していくと考えられます。このようにオートポイエーシスでは，コミュニケーションという観点からシステムを捉えています。

　ここまで3章と4章では家族療法の認識論（世界/社会の捉え方）について紹介してきました。こうした理論的なことを臨床の中ですべて考えながら家族療法をしているわけではありませんが，家族療法はこれらの考え方に着想を得ていたり，それらに基づいたりしているため，まずはこれらをしっかり理解することが家族療法への第一歩と考えることができるでしょう。

 より深めるための参考文献

- ケネス・J・ガーゲン（著）東村知子（訳）『あなたへの社会構成主義』ナカニシヤ出版　2004年〔Gergen, K. (1999). *An invitation to social construction*. Sage Publications.〕
- ケネス・J・ガーゲン，メアリー・ガーゲン（著）伊藤　守（監訳）『現実はいつも対話から生まれる』ディスカヴァー・トゥエンティワン　2018年〔Gergen, K., & Gergen, M. (2003). *Social construction: A reader*. Sage Publications.〕
- ケネス・J・ガーゲン（著）鮫島輝美・東村知子（訳）『関係からはじまる――社会構成主義がひらく人間観』ナカニシヤ出版　2020年〔Gergen, K. (2009). *Relational being: Beyond self and community*. Oxford University Press.〕
- 野村直樹（著）『やさしいベイトソン――コミュニケーション理論を学ぼう！』金剛出版　2008年
- 田中　究（著）『心理支援のための臨床コラボレーション入門――システムズアプローチ，ナラティヴ・セラピー，ブリーフセラピーの基礎』遠見書房　2021年

5章

家族療法家の臨床的態度と考え方1

本章では，家族療法家に特徴的な臨床的態度や，人や社会に対する考え方についてご紹介します。いわゆるカウンセリングや，一般的な（？）心理療法では，初回面接や最初の数回の面接における「ラポール（rapport; 信頼関係）の形成」が重視されます。

ラポールの形成とは，つまり初めて出会ったセラピストとクライエントが関係づくりをする最初の段階で，セラピストがクライエントに「この人は信頼できるだろうから，自分の内面の話を話しても大丈夫だ」と思ってもらうことで，今後のカウンセリングを継続できるようにすることを指していると考えられます。家族療法では，この「ラポールの形成」という言葉を使う代わりに，しばしば「ジョイニング（joining）」という言葉が使われます。本章では，このジョイニングを中心としたクライエント（やその家族）との関係づくりについて述べたいと思います。

1. 家族療法の学び方：どうやって実践につなげていけばよいか

家族療法の教え方・学び方といっても，教える人や学ぶ人によって異なるのは当然です。ここでは，筆者の観点から見た「家族療法の学び方」につい

てお伝えしたいと思います。

　「家族療法を学びたい」という方は少なくないと思うのですが，「家族療法の理論，考え方は理解して覚えたけど，この後どうやって取り組んでいけばよいかわからない」ということがよくあります。もちろん，「実践あるのみ！」とか「スーパーヴァイザーをつけて，ケースのスーパーヴィジョンを依頼しましょう」と言うのは簡単なのですが，実際には「実践といっても，これでいいのかな？　どこに気をつければ……」と思う方や，「スーパーヴァイザーをすぐに見つけられない」という方もいらっしゃることでしょう。以上のことから，ここではあくまで「一つの観点」としてお伝えしていきたいと思います。

(1)　まずは家族療法の基礎理論を理解する

　すべての理論，家族療法の流派を完全に理解する必要はありません。ただし，システム理論や円環的認識論，社会構成主義といった基礎的な理論，認識論（ものの見方）をある程度理解することは必須です。まずは，これらを本書やその他の家族療法の入門書，研修会などで学び，理解し，家族療法独特のものの見方に親しみましょう。

(2)　よい例を見る / 読む

　本書やその他の家族療法の書籍にある事例や，ワークショップやDVDで用いられる事例を実際に見てみることが大切です。「百聞は一見にしかず」です。書籍に書いてある理屈を読んで学ぶだけ，講義を聞いて学ぶだけではなく，実際の面接場面を見ることや，事例を読んでイメージすること，前項（1）で学んだ基礎理論をここで目の当たりにするということが学びとなるでしょう。

(3)　実際のカウンセリングにおいて，家族療法の認識論でケースを眺める

　慣れていないうちは，家族療法の認識論をもって実際のケースを捉えるこ

とは，なかなかスムーズにできるものではないでしょう。「習うより慣れよ」です。いきなり最初から家族療法の介入まで行う必要はありませんが，実際のカウンセリングのケースすべてにおいて，どのようにシステム論的な見立てができるか考えてみましょう。

(4) ジョイニングを心がける

詳しくはこの後のページで触れていきますが，家族療法の中では関係づくりの技法として「ジョイニング」が用いられます。まずは，クライエントやその家族にジョイニングし，関係づくりをしっかり行っていくことから始めていきます。関係づくりができていなければ，面接内での介入もうまくいきませんし，そもそも面接自体が続きません。「いかにジョイニングするか」は，家族療法を行う上でも最もキモになる部分といっても過言ではないでしょう。

(5) 小さな介入から行っていく

家族療法では，どちらかというと突飛な介入を行うことも少なくありませんが，それでクライエントを余計に悪くしてしまっては本末転倒です。クライエントを傷つけない（傷つけにくい）介入として，ポジティヴ・リフレーミング（p.78 参照）や，ノーマライゼーション（p.86 参照），コンプリメント（p.64 参照）などの，害になりにくいものから取り入れていくとよいかもしれません。

他には，家族療法のスーパーヴィジョンを受ける，家族療法系の学会に入って大会・ワークショップに参加してみる，学会以外の研修会や研究会，ケースカンファレンスなどに参加してみるのもおすすめです。まずは，できるところから一歩ずつ始めてみませんか？

2. ジョイニング

ジョイニングは元来，構造派家族療法のサルヴァドール・ミニューチン

(Minuchin, S.) による言葉で，その名の通り「参加する（join）こと」，「波長を合わせること」を意味します。何に参加するのかというと，もちろん家族療法ですので「家族への参加」を意味しますが，それと同時に個人に対する関係づくりでもジョイニングという言葉を使っています。まずは，「参加する」という意味から想像しやすい「クライエントを含む家族に対するジョイニング」について見てみましょう。

(1) クライエントを含む家族に対するジョイニング

　家族には，それぞれ独自の文化やお作法のようなものが存在します。ここでいう文化とは「日本文化」というような大きなくくりのものではなく（当然それも含んではいますが），各家族が持つ暗黙の了解であったり，ルールのようなものです。

　たとえば，よくある場合として「父親はあまり話さないけれど，最終決定は必ず父親が行う」という家族や，「家族の行動や考えは，基本的に母親が窓口となって，セラピストと話す」という家族が見られます。このように，家族の中で何気なく行われているコミュニケーションは，特に前もって決められたルールではなくても，暗黙の了解やルール，いつものパターンとしてそこに存在しています。

　セラピストは，そのような暗黙の了解やルール，いつものパターンについて，クライエント家族との会話の中で学習していき，そのクライエント家族で行われているコミュニケーションの波に乗ろうと試みます。クライエント家族としては，普段自分たちが行っているコミュニケーションのパターンに合わせてもらうことで，居心地よく話すことができるようになります。

　家族システムでは，常に家族間コミュニケーションの相互作用が行われています。（特にシステム論的な）家族療法では，「問題」とされていることやIP の持つ情報は，家族システムのコミュニケーションの相互作用によって維持されていると考えられていますので，その問題を維持してしまっている家族システムにセラピストがまず適合することによって，家族にとってセラピ

異物と認識されると拒絶反応が起きるのは,
身体もセラピー内での関係性も同じ

ストは受け入れやすい存在となります。

　ここで身体を例に考えてみたいと思います。たとえば,臓器移植を行った
場合,その臓器の適合度が大きな要となります。その臓器が身体とうまく適
合しない場合,身体によってそれが異物とみなされ,拒絶反応が起きてしま
います。それと同じように,家族というシステムの中に,セラピストという
異物が混入することによって,それを排除しようという動き（拒絶反応）が
家族システムに起きます。そういった拒絶反応を最小限にするため,このジョ
イニングという手続きは行われるのです。

　では,ジョイニングによって,その「（家族システムからの）拒絶反応」を
最小限にするにはどのようにすればよいでしょうか。前述のように,来室し
た家族成員それぞれの行動,表情,態度,話（話し方,タイミング,スピー
ド,間のとり方,ペース,声の大小,声の抑揚など）をまずはよく観察する
ところから始め,それに伴ってその家族および家族成員それぞれとの関わり
方を調整し,ペースを合わせていきます（ペーシング）。

1) 観察

カウンセリングの電話やメールでの新規受付をセラピスト自身が行うか，それとも受付事務員が行うかによっても異なりますが，もし新規受付もセラピストが行う場合には，そこから観察が始まります。たとえば電話の場合，どんな声の調子で，またどんな言葉遣いや態度で話すかなど，そこには決して少なくない情報が詰め込まれています。またメールの場合では，申込時の情報の書き方や，情報の量（他のクライエントと比べて文章量が多い少ないなど），誰が申し込みをしてきて，主訴・問題はどんなこととされているかなども観察できるでしょう。

家族が来室した際には，家族成員のうちの誰が一番最初に入室してきたか，誰が一番最初にイスに座ったか，またどのイスにどのように座ったか（他の家族成員が座るまで待ったか等）を観察することができます。父親が率先して部屋に入っていき，それに他の家族成員がついていくかもしれませんし，母親が率先するかもしれません。そのような，入室する順番や，イスに座る順番・座る場所などからも家族関係に関する情報は読み取ることができます。セラピストはすべての家族成員の後にイスに座るとよいでしょう。

セラピストは様々なことを観察して情報を集める

　次にセラピストが挨拶をして話を始めると，その話に真っ先に応答するのは父親なのか母親なのか。また，話し始める際に他の家族成員の様子をうかがうかどうかなどについても，観察可能な非言語的情報の一つということができます。ひょっとするとセラピストが挨拶をする前に，家族成員のうちの誰かが出し抜けに話を始めるかもしれません。

　一人の家族成員が話している間，他の家族成員はどんな顔をして聞いているのか，途中で「それは違う」と異を唱える人が出てくるかもしれませんし，終始無言でうつむいたままの人もいるかもしれません。そのような言語的，非言語的な様々な情報が観察の対象となります。

2）ペーシング（ペース合わせ）

　観察によって得られた，それぞれの家族成員間の関係性についての情報をもとに，セラピストは家族とペースを合わせていきます。先にも例をあげましたが，「父親はあまり話さないけれど，最終決定は必ず父親が行う」という家族の場合には，家族それぞれの話や意見，希望を一通り聞いた後に父親の意見を伺ったり，「家族の行動や考えは，基本的に母親が窓口となって，セラピストと話す」という家族の場合には，それぞれの家族成員の考えを聞くにあたってまずは母親に先に尋ねるということを行うかもしれません。

　クライエント個人に対してペースを合わせること（ペーシング）は，そのクライエントだけをよく観察することで，比較的やりやすいかもしれませんが，家族に合わせていくことは，三者三様の家族成員の中にうまく「溶け込む」ことが要求されます。家族療法には「多方面への肩入れ」という言葉もありますが，複数人の来談者それぞれをよく観察し，コミュニケーションを図ることが必要です。セラピストが

> **多方面への肩入れ**
>
> 　これは文脈療法のイヴァン・ボゾルメニィ＝ナージ（Boszormenyi-Nagy, I.）による概念ですが，家族や夫婦との関係づくりを行う中で，一人に肩入れし聞き入るのではなく，面接に参加しているすべての家族成員の声を聞き，多方面に対して肩入れし，みんなの意見が聞ける状態をつくることをいいます。

全体に目を配ることや，俯瞰的な位置に立ってその場を捉えること，家族が持つ独特の雰囲気の中に身を置くことが，家族全体への「ジョイニング」となるのです。

3）パターンを崩す／悪循環を切断する

　家族間のコミュニケーションパターンを観察し，それにペースを合わせた状態をただ続けていくだけでは，単に「家族でのいつも通りの関係」「違和感の少ない居心地のよい関係」を続けているにすぎません。

　しかし，セラピストがジョイニングした家族の「コミュニケーションパターンが問題を含む悪循環を維持している」という仮説が支持される場合，このパターンを崩していくことによって，悪循環を切断することができます。

　以上，観察からペーシングを行い，家族のコミュニケーションパターンや，家族の持つお作法に合わせていくことまでをジョイニングと呼びますが，家族療法におけるジョイニングは，その後のパターンを崩すことや新たなパターンを生成しやすくするための基礎になると考えられます。

　ジョイニングをしっかり行うことで，セラピストの発言がクライエント家族にとってより意味のあるものになりやすく，後々の介入もしやすくなります。信頼できるセラピスト，自分や自分の家族との相性がぴったり合うセラピストと思ってもらえることが，セラピーによい影響を及ぼすことは想像に難くありません。

Column

　　家族療法では，ジョイニングだけを行うことが目的でも結果でもありません。ジョイニングは，その後に続く介入の下地づくりとしての手段と考えることもできるのです。ジョイニングを行った後は，家族システムで行われているコミュニケーションパターンを崩したり，悪循環の切断を試みます（ジョイニングは，カウンセリングを行っている限りずっと続きますが，ここでは便宜的に「ジョイニングを行った後」としておきます）。

　さらに詳しい解説として，p.60 〜 61 に構造派家族療法でのジョイニングについての記載がありますので，そちらもあわせてご覧ください。

(2) 個人のクライエントに対するジョイニング

　ジョイニングは，家族面接でのクライエント家族との関係構築の際だけに用いるのではなく，一対一の個人面接においても用いることができます。むしろ個人面接であっても，家族療法の考え方に基づいた面接においては，まずジョイニングを行うことが必須といえるでしょう。

　よく誤解されるのですが，これは単に「相手に合わせる」ということではありません。また，ジョイニングの形はセラピストによって大きく異なります。ジョイニングを行う目的としては，当然クライエントとのよい関係を構築し，今後の面接をスムーズに進めるためですが，そもそもの「よい関係」というもの自体に多様性があります。よい関係とは一体どんなものでしょうか？　そこから考えていきたいと思います。

　よく「このカウンセラー（セラピスト）とは相性が合う」とか「相性が合わなかったので，別のところに行きました」という話を聞きます。「相性が合う」「相性がよい」と言ってもらえる関係性ならば，よい関係と考えることができるかもしれませんが，またここで疑問が出てきます。

Column

　ジョイニングと同じく，構造派家族療法で用いられる概念の一つにアンバランシング（unbalancing）があります。家族成員間の関係性が，ある意味でバランスがとれていることによって，家族システム内でのコミュニケーションパターンが固定化してしまっている場合，たとえば普段であれば無視されていたある家族成員の意見を大きく取り上げるなど，セラピストがわざとそのバランスを崩すような声かけや態度をとることによって，コミュニケーションパターンに変化を起こすことをいいます。アンバランシングによって，これまで家族成員がとれなかった役割をとることができ，これまで生み出せなかった変化へとつながることがあります。

「相性」とは何なのでしょうか？　相性は「合う」ものではありません。相性は「合わせる」ものなのです。相性の合わせ方を考えてみましょう。

たとえば，友達同士のような「気が合う」関係でも，クライエントにとってのセラピストがお兄さん・お姉さんのような少し「頼もしい」関係であっても，お父さん・お母さんのような「先達に教えてもらう」関係であっても，クライエントが「話しやすい」と思う関係は成立します（恋人同士のような関係になってはいけません）。セラピスト－クライエント関係は，そのような友達関係や家族関係ではありませんが，ここではそれぞれの居心地のよい関係という意味を伝えるために，上記のようなたとえをしています。また，クライエントが居心地よいと感じるのは，静かに聞いてくれるセラピストかもしれませんし，あるいはグイグイ引っ張ってくれるセラピストかもしれません。

もしクライエントが「あれ？　なんか違うな」と違和感を持つようなら，ジョイニングは失敗といえるでしょう。次からクライエントはカウンセリングに来なくなるかもしれません。それでは，以下で具体的な方法をいくつか

Column

マイムとは，セラピストが，クライエントや家族の言語的・非言語的特徴を取り入れて，言葉遣いやしぐさ，感情的表現，比喩的表現などを真似をすることをいいます。

トラッキングとは，支持的コメント，明確化するための質問，家族の発言の繰り返し，興味を持って聞き入る態度を示すセラピストがクライエントや家族についていくこと（tracking）をいいます。言語的応答にとどまらず，非言語的応答も含めて，クライエントや家族の行うことに沿って行動や言動を

行っていきます。ロジャーズ（Rogers, C. R.）が行っていることに近いとも考えられます。ただし単純な比較は誤解を招くので注意が必要です。

アコモデーションとは，適合という意味で，家族コミュニケーションで行われているルールを尊重し，従うことをいいます。父親が権威を持ち，窓口となってセラピストと話す場合には，初めのうちは子どもに関する質問であっても，父親を介して行うようにします。

見ていきましょう。

　家族療法における「ジョイニング」は構造派家族療法から生まれましたが，構造派家族療法では，マイム（meimsis），トラッキング（tracking），アコモデーション（accomodation）という言葉もあわせて用いられます（Column 参照）。

(3) 夫婦に対するジョイニング

　夫婦面接の場合，「相手に合わせる」「波長を合わせる」といっても，夫と妻の二人が来談している場合，「あちらを立てればこちらが立たず」という状況は容易に想像できるかと思います。

　たとえば，夫婦間の意見が異なっている場合を想像してみてください。夫婦仲について悩んでカウンセリングに来室した場合には，夫婦間の意見は通常異なっていることが多いでしょう。夫の言い分に完全に同意すれば，妻にとっては「このセラピストは夫の味方で，私の敵だ」というふうに，夫との関係性を構築するのと引き換えに，妻との関係性を失ってしまい，結果的に夫と妻との溝が深まってしまう可能性が大いにあります（しかも，「夫＋セラピスト VS 妻」という構造）。当然，逆に妻側に肩入れしすぎると，夫との関

子どもの養育方針で意見が合わない夫婦へのジョイニング例

係性を失ってしまうでしょう。

　以上のことから，夫婦面接では来談した夫婦双方との関係性を失わないように，夫婦間で一致する部分を探していきます。たとえば，子どもの養育方針で意見が合わない夫婦の場合，「子どもを幸せにする思いは同じである」という部分を強調します。つまり，「夫婦は子どもを幸せにする思いは同じだが，その方法だけはまだ悩んでおり，検討中である」というふうに，「方法（養育方針）について意見が対立している」という部分よりも，「子どもを幸せにする思いは同じ」という部分（＝手を取り合える部分）にフォーカスします。

　それでは，以下の事例を通してジョイニングについて考えてみましょう。

事例1：不登校のAくん

　カウンセリング前半では，父親と母親のいずれもが自分の考えを話せるように配慮し，主訴や家族構成，これまでの文脈を聴取しました。以下は，その後の会話です。

> 母親：私は，この子がそんなに学校に行きたくないなら，もう少し家でのんびりさせてあげたらいいと思っています。学校が人生のすべてではないし。
>
> 父親：子どもには，もっと厳しくした方がいいと思うんです。今甘やかしていたら，どんどんエスカレートするだけですので。将来のこの子のためにならない。
>
> Th　：……なるほど，よ〜くわかりました。Aくんはとっても幸せですね！お父様お母様はこんなにAくんの現在の幸せや将来の幸せについて考えてくださっている。こんなにもAくんに愛情を注いでおられるのに，そのやり方だけが違うのですね。
>
> 母親：はい……そうですね。Aのことを一番に考えているのは，両親ともに同じだと思います。そのやり方をどうすればいいか，意見が合わない

のですが，どうすればいいでしょうか。
Th ：いいですね！　では，ここでAくんの幸せのために，ご両親の力を合わせて一緒に考えていきましょう。

　子どもの養育・教育方針が異なる両親は星の数ほどいます。また，不登校やいじめなどの大きな出来事があった際には，両親の考え方の違いはより明確になりやすく，それが争いの火種になることも少なくありません。

　上記のような夫婦面接のジョイニングでは，クローズアップされている養育方針の「違い」の部分ではなく，両親のどちらも子どもの幸せを思ってよりよい方法を選び取ろうとしているという「同じ」部分を強調して，同じ方向へと迎えるようにしていきます。

事例2：養育方針の食い違い

　子どもの養育方針についての食い違いを主訴として，夫婦でカウンセリングルームに来談しました。

父親　：もっと自由にさせたらよいと思うんです。
Th ：お父さんはお子さんをもっと自由にさせればいいと思われているんですね。お母さんは？
母親　：私は，塾にはもっと行かせるべきと思っています。
Th ：お二人とも，ご自身のご経験からお子さんのためを思って，各々そういうふうに考えられているんだろうなぁと思います。もう少しお二人それぞれのご意見について，そう思われるようになった理由を教えてもらえますか？
父母　：（それぞれ話す）
Th ：いやぁ，それぞれEくんのことをよく考えられて，白熱した議論をさ

> れているんだなぁと思いました。でも，実際のところEくんの気持ち
> も，そしてどのようにすればEくんにとって本当に最適になるかはわ
> かりません。
> ところで，お父さんやお母さんはEくんと一緒にしっかりこの話をさ
> れたことはありますか？
> 父親：　あまりしてないですねぇ。
> Th　：　我々大人だけでこうして話し合っても，Eくんの気持ちや今のEくん
> の負担の度合いなど全くわかりませんので，もしよろしければ，次回
> Eくんも連れてきてもらってはいかがでしょう？

　事例1と基本的には同じですが，ここでは最後にセラピストから「子ども
のカウンセリングへの参加の提案」をしています。この事例の中では両親の
コミュニケーションのやりとりしか見ることができませんが，実際の家庭で
は当然子どももコミュニケーションの循環の中に含まれています。ひょっと
すると，両親は子どもの幸せを考えて議論しているのに，当の本人はそっち
のけで親だけで決めている（決めようとしている）のかもしれませんし，ま
た両親の間での争いが，子どもに気持ちを言いづらくさせているのかもしれ
ません。

　そこで，セラピストが両親それぞれの気持ちにジョイニングした上で，両
親間のコミュニケーションの悪循環に変化を加える目的，また当の本人であ
る子どもの考え，意見も聞く目的で，子どもに来てもらうことを提案してい
ます。

3.　褒める/ねぎらうこと・肩入れすること

(1)　コンプリメント（褒める/ねぎらうこと）

　家族療法では，比較的クライエントのことを褒めたり，（苦労を）ねぎらっ
たりすることが多いかもしれません。褒めたりねぎらったりすることを「コ

ンプリメント（complement）」といいます。コンプリメントを行うことは，ジョイニングを行う際にも非常に重要です。クライエントが「考えていること」「していること」に対するセラピストの同意をクライエントに伝え，よりよい関係性の構築を目指します（行動療法では「強化」といわれます）。

とはいえ，何でもかんでも褒めればよいというものではありません。関係性を構築し始める時期には，クライエントの話を傾聴する中で，セラピストが素直に「すごいなぁ」「がんばったんだなぁ」と感じる部分にはとにかくコンプリメントをしていくということもあるかもしれません。ですが，通常はコンプリメントも見立てに沿って行っていく必要があります。

たとえば，クライエントにとって，「褒めてほしい」「認めてほしい」のに，なかなか褒めて（認めて）もらえないことがあります（例：自分なりにがんばっているのに，100％できているわけではないから褒めてもらえないなど）。このことを「（初めて）褒められる」ことが，これまでの悪循環を切断することに寄与すると考えられる場合，それは積極的に褒めるところでしょう（図 5-1）。

また他にも，クライエントが「これまで苦労してがんばってきた」という事実に対して，クライエント自身も含め，誰からもねぎらわれていない事柄

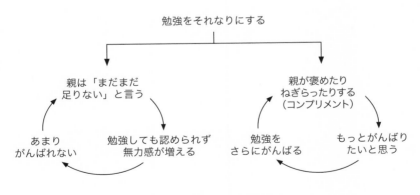

図 5-1　コンプリメントと良循環

誰からもねぎらわれていないことをコンプリメント

があるかもしれません。そのような場合，自分の（がんばってきたという）リソースに目を向けられていないことから気力を失うことがありますが，「これまで苦労してきた」「これまで十分がんばってきた」ということがセラピストに認められ，ねぎらわれることで，初めて自分のリソースにフォーカスし，本来の力を出すことにつながるかもしれません。

　以上のように，「セラピストがコンプリメントすること」は，クライエントにとってある一定の方向づけをしたり，エンパワーしたり（力づけたり）することになります。そのため，システム論的な見立てが立ってきた頃には，むやみやたらにコンプリメントをするというよりも，むしろシステム論的な見立てにおいて，変化を起こすことに寄与しうるコンプリメントを心がけるとよいでしょう。

(2)　間接的コンプリメント

　間接的コンプリメントとは，コンプリメントの一種ですが，第三者を介するなどして直接褒め言葉やねぎらいの言葉を伝えるのではなく，間接的にコンプリメントを送ることをいい，ソリューション・フォーカスト・アプローチ（SFA）の技法の一つです。また，質問を行うこと自体がコンプリメントの代わりになることもあります。たとえば，「どうしてそんなにうまくできた

間接的コンプリメントでは伝わり方が変わる

のですか？」という質問に回答するためには,「うまくできている」ということを受け入れなければ答えることができず,答えてくれた時点において,コンプリメントが相手に届いたということになります。

事例3：我慢できずにお菓子を食べすぎてしまうFくん

　子どもがわがまま放題をしていて困っているという悩みで,母親がFくんを連れてカウンセリングルームを訪れました。

Th ： 最近はどう？　お菓子はたくさん食べてる？

F ： うん，1 週間に 1 〜 2 回我慢できることはあるけど，やっぱりほとんどの日はつい食べちゃう。

Th ： あ，1 週間に 1 〜 2 回は我慢できてるんだ？　それはどうやって我慢してるの？　何かコツがあるの？　教えてほしいな。

F ： え，コツ？　う〜ん，我慢っていうか，朝ごはんとかお昼ごはんをいっぱい食べてたら，あんまり食べなくていけてるかも。あとは，お菓子を食べてる暇がないくらい集中できてるときかな！

Th ： へぇ〜すごい！　じゃあ，最近はできるだけ朝ごはんとかお昼ごはん食べるようにしてるの？　あと，集中してるときってどんなとき？

……続く

　たとえ，本人が自分の我慢を不十分と捉えていても，セラピストが「よく我慢できたね。我慢するコツを教えてもらえないかな？」と質問することで，クライエントは「我慢するコツを教える」という立場になります。その立場に立った時点で，「自分は我慢することができた」ということを受け入れ，その前提でセラピストに教えてあげる，というふうになり，その結果，クライエントの立ち位置をワンアップ（one up）することができるのです*。

　いずれの心理療法でも，理論や技法を学ぶだけではすぐ使えるようになりませんが，家族療法も同様のことがいえます。特に，関係性を形成するためのジョイニングは要にもなってくると考えられますので，ロールプレイや実践とスーパーヴィジョンを繰り返し，身につけていただければと思います。

　どこまでいっても「完璧なジョイニング」というものはありませんが，常にジョイニングしよう，より改善していこうという気持ちが大切です。

＊ Cl：教えてあげる側（アップポジション），Th：教えてもらう側（ダウンポジション）となります。ここでは，クライエントを一つ上のポジションにするという意味で「ワンアップ」という言葉を使っています。

うまくできていることを前提に問いかけることも間接的コンプリメントとなる

 より深めるための参考文献

- 東　豊（著）『セラピスト入門──システムズアプローチへの招待』日本評論社　1993 年
- 東　豊（著）『家族療法の秘訣』日本評論社　2010 年
- 東　豊・児島達美（著）『DVD でわかる家族面接のコツ② 家族合同面接編』遠見書房　2013 年
- 東　豊・黒沢幸子・森　俊夫（著）『DVD でわかる家族面接のコツ③ P 循環・N 循環編』遠見書房　2015 年
- 東　豊（著）『新版 セラピストの技法──システムズアプローチをマスターする』日本評論社　2019 年
- 中野真也・吉川　悟（著）『システムズアプローチ入門──人間関係を扱うアプローチのコミュニケーションの読み解き方』ナカニシヤ出版　2017 年
- 吉川　悟・東　豊（著）『システムズアプローチによる家族療法のすすめ方』ミネルヴァ書房　2001 年

6章

家族療法家の臨床的態度と考え方 2

本章では，サルヴァドール・ミニューチン（Minuchin, S.）による構造派家族療法での考え方を紹介します。構造派家族療法には，ジョイニングやエナクトメント，ジェノグラムのほか，世代間境界や上位システム・下位システムなどの様々な技法や概念があり，それらは日本で現在行われている家族療法でも大いに用いられています。

1. 家族構造とサブシステム

家族とは，異なる個人の集まりから成る集合体であり，日々の生活の中で家族成員間のコミュニケーションのやりとりはパターン化していきます。家族システムは，そのシステム内で起きているコミュニケーションによって維持され，家族構造を形づくります。

また，家族システムはより小さな単位のシステム（夫婦，父子，母子，兄弟姉妹，個人など）に分けることができ，それらをサブシステムと呼びます（家族システムのことを上位システムと呼んだ場合，夫婦システムや兄弟姉妹システムのことは下位システムと呼ぶことができます）。各サブシステムは，家族システムを維持するためのそれぞれの機能・役割を持ち，サブシステム

間でも特有の関係性（境界，連合，硬直的三角関係など）を持ちます。

　うまくいっていて大きな問題のない家族のことを，ここでは仮に「機能的な家族」とし，何らかの問題が生じている家族のことを，仮に「非機能的な家族」と呼ぶこととします。機能的な家族であっても，関係性は常に流動的に動いており，また家族構造は年を経るごとに変化・発達していくため，決して固定的な家族構造というわけではありません。機能的な家族は，明瞭で適当な境界線をサブシステム間に持つとされます。

　また夫婦間の適切な提携関係と，夫婦（両親）サブシステムと，子どもや兄弟姉妹システムの間での適切な権力関係によって，機能的な家族となりえます。唯一の正しい家族構造を想定するよりも，家族システムの持つ構造がどのようになっているかを適切にアセスメントすることが求められます。

2.　境界線・提携・権力

　家族構造を考えるにあたって，サブシステム間の境界線や，家族成員間の提携関係，サブシステム間／家族成員間の権力関係について考える必要があります。

(1)　境界線

　境界線には，「あいまいな境界（diffused boundary）」，「明瞭な境界（clear boundary）」，「厳格な境界（rigid boundary）」の 3 種類が仮定されています。

　健全な家族においては，家族のサブシステム間に明瞭な境界が存在し，あいまいな境界が主である家族は，家族のサブシステム間に互いを引き込みやすく（引き込まれやすく），互いに関与しすぎる状態（纏綿；enmeshed）がつくられるとされます。また，境界線が固い家族（厳格な境界を持つ家族）では，家族成員の一部が遊離してしまい，他の家族成員と関係を持てなくなってしまっている状態（遊離；disengaged）が見られます（図 6-1）。実際の家族では，この纏綿的な部分と遊離的な部分の両方が見られることが多いと考えられます。

図 6-1　家族間の境界線と状態

図 6-2　母子連合（世代間連合）

(2) 提携

　ここでの「提携」には，家族成員間での協力関係や対立関係が見られる場合の「連合（coalition）」と「同盟（alliance）」の2種類があります。

　ここでいう「連合」とは，第三者に対して手を組む（提携する）場合をいい，「母親と子どもが連合して，父親を非難する」などがあります（図 6-2）。また，「同盟」とは，第三者への対立関係が想定されず，同じ目的に対して手を組む（提携する）場合をいいます。

Column

　　纏綿性の高い家族とは，境界があいまいで，家族成員の誰かが何かしらの問題を抱えた場合，他の家族成員にも容易に影響を及ぼしてしまう家族です。

　　遊離している家族とは，境界が固く，互いの役割が離れている家族のことをいいます。互いに支え合う関係が希薄で，外部に支援を求めがちな家族です。

(3) 権力

　ここでの「権力」とは，家族成員間の相互作用が行われる際における一方から他方に向けての影響力の強さのことを指します。たとえば，普段の家庭内では，父親の子どもに対する権力が大きく，母親の権力が小さくても，父親が不在のときには，母親の権力が子どもに対して大きくなることもあります。また，地域に出ていった際には，父親の権力は家庭内にいるときよりも相対的に低くなることもあるでしょう（図6-3）。

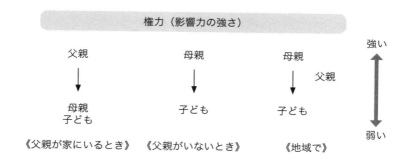

図6-3　場面による権力バランスの違い

3.　家族構造に働きかける

　構造派家族療法では，セラピストは前述のような家族構造の視点から，眼前の家族がどのような構造から成っているかについてアセスメントをし，家族にジョイニングします。その後，あらかじめ想定した治療目標となる家族構造の形へと変化させるために，家族システムの内側から家族構造に働きかけます。家族構造が変化することによって，家族成員間のコミュニケーションパターンに変化が起き，その結果として問題や症状が生じなくなることを目指すのです（図6-4，6-5）。

両親が葛藤関係を抱えていて，その葛藤を回避するために子どもへのコミュニケーションがいびつになる例

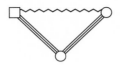
三角関係化
（両親がそれぞれ子どもに近づき，味方につけようと取り合う）

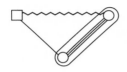
安定的連合
（片親が子どもと連合をつくり，もう一方の親と対抗する）

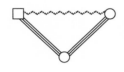
迂回支持
（葛藤を潜在化させ，両親が子どもを支える形が保たれる）

迂回攻撃
（葛藤を潜在化させ，両親が子どもを攻撃する形が保たれる）

図6-4　硬直した三者関係（日本家族研究・家族療法学会, 2013）

子どもが母親と連合して父親を貶める

子ども（長男）が不在の父親の役割を担う

図6-5　「権力」の入れ替わり

　家族へのジョイニングにしても，家族構造を変化させるための介入にしても，セラピストの性格や特徴，好みなどによって見た目は大きく異なるかもしれません。しかし，大枠ではセラピストの目指していること（家族へのジョイニングや家族構造の変化）は同じです。

　図6-4 では，特に構造派家族療法から生まれた考え方について，ジェノグラムを用いてご紹介しました。家族構造として家族を見る視点はある意味特殊ですが，まずは実際の臨床の中で，この考え方を使って事例を見立ててみてはいかがでしょうか。ジェノグラムについては，詳しくは9章をご覧ください。

 より深めるための参考文献

- 団　士郎（著）『対人援助職のための家族理解入門――家族の構造理論を活かす』中央法規出版　2013 年
- 日本家族研究・家族療法学会（編）『家族療法テキストブック』金剛出版　2013 年
- 遊佐安一郎（著）『家族療法入門――システムズ・アプローチの理論と実際』星和書店　1984 年

7章

家族療法の方法論 1

　本章では，家族療法の中で用いられる技法について紹介します。ここで紹介する技法は，家族療法の考え方で用いることを前提としていますので，技法単体で用いることを想定していません。

　家族療法に限らず，それぞれの技法は使い方を誤ると害悪にすらなりえます。セラピーの目的は，クライエントに役立つことですから，安易な使用は慎まなければなりません。以上のことから，ぜひ家族療法の認識論をあらかじめしっかり理解された上で技法を用いるようにしてください。

1. リフレーミング

　4章では，「社会構成主義」という考え方を紹介しました。ここでは，その社会構成主義の考え方に則った形での家族療法の技法ともいえる「リフレーミング」について紹介します。リフレーミングは，ジェイ・ヘイリー（Haley, J.）による戦略派家族療法の一技法ですが，家族療法やシステムズ・アプローチの中でも中核的技法ということができます。

　前述の通り，社会構成主義では，「現実は一つではなく複数あり，言葉を用いて合意がなされることによって，その現実が形づくられる」と考えます。セ

ラピストが，いずれの側面から見る現実を採用してクライエントとコミュニケーションを進めていくかによって，言葉の違いが現実の構成をも変えていきます。このように，リフレーミングはセラピストが多様なフレーム（現実）を捉え，そのうちクライエントにとって治療的となるフレーム（現実）を採用してコミュニケーションを行うことで，クライエントがもともと用いていた現実のフレームを再枠づけ（リフレーム）することを目指します。

(1) リフレーミングとポジティヴ・リフレーミング

　リフレーミングの中でよく行われるフレーミング（枠づけ）の方向性として，ポジティヴ・リフレーミング（positive reframing）があります。ポジティヴ・リフレーミングは，いわゆるポジティヴ・シンキング（positive thinking）とは異なりますが，勘違いされやすい概念ですので，少々詳しく紹介したいと思います。

　ポジティヴ・シンキングでは，Aさんがネガティヴな考えを抱いているBさんに対して，「○○とも考えられるんじゃない？」というふうに，AさんがBさんにポジティヴな考え方を強制するような形で伝えられます。Bさんは当然，Aさんの提案するポジティヴな考え方を受け入れることは難しく，「そう考えられたら世話ないよ！」と思い，Aさんのことを鬱陶しく感じるかもしれません。ポジティヴ・シンキングは有害にしかならず，ここでおすすめするポジティヴ・リフレーミングとは似て非なるものということができるでしょう。

　では，ポジティヴ・リフレーミングはどのようなものでしょうか？　ある出来事や物事が，ポジティヴかネガティヴかという評価を行うのはあくまで人間です。人間の主観がそこに介在することによって，出来事や物事はポジティヴかネガティヴかという評価がなされてしまいます。たとえば極端な例でいうと，「受験に失敗した（不合格だった）」ということは紛れもない事実であったとしても，その事実を必ずしもネガティヴと捉えることはできません。もちろん受験に失敗したことをネガティヴに捉えることの方が多いかもしれませんが，「受験の失敗という得がたい人生経験が得られた」とも考えられるかもしれませんし，受験に失敗したことが，今後の人生にどんなプラス

の影響を及ぼすかは計り知れません。

　と，ここまではポジティヴ・シンキングと変わらないことにお気づきのことかと思います。ポジティヴ・リフレーミングでは，その考えをセラピストが強制することはしません。セラピスト自身が多面的な捉え方を許容し（目の前の事柄に対して，複数のフレーミングができるように柔軟になり），その中でセラピーに有用な捉え方として，あるポジティヴなフレーミング様式で（ポジティヴな捉え方を採用した）コミュニケーションをとるのです。

　ある出来事に対する捉え方については，いずれか一つが絶対的に正しいということはいえません。よく例として，コップに入った水が用いられます。コップに半分程度の水が入っていた場合，そのコップの水の量を「もうこれだけしか残っていない（ネガティヴ）」と捉えるか，「まだこんなにも残っている（ポジティヴ）」と捉えるかは，人や状況によって異なってきます。これらの捉え方は，いずれかが正しいのではなく，両方の捉え方が可能である中で，単にAさんはたまたま「もうこれだけしか残っていない」と捉え，Bさんはたまたま「まだこんなにも残っている」と捉えただけなのです。

　このようなことは，コップの水だけではなく，人生における様々な出来事に対しても同様に考えることができます。母親のことを「おせっかいな母親」とも「よく気にかけてくれる母親」とも捉えられますし，交通事故によく遭うことを「交通事故に遭ってばかりでツイてない」とも「交通事故に何回も

ポジティヴな捉え方とネガティヴな捉え方

遭ってるのに,毎回軽症で済んでいてツイてる」とも捉えられます。また,不登校のことを「学校に行けなくなるなんて情けない」とも「学校に行かないという勇気ある選択をできた」とも捉えられます。

　このような「物事の捉え方を自在に切り替える」ことができたらよいと思いませんか？　もちろん,クライエントはそのような「物事の捉え方を自在に切り替える」ことができずに困っているので,カウンセリングに訪れます。そこでセラピストが,事前に「物事の捉え方を自在に切り替えられる」ようにしておくのです。初めは物事の捉え方(フレーミング)を切り替えるのは難しいと感じるでしょう。しかしこれを続けていると,フレーミングというのはあくまで一時的なもので,ラベリング,レッテル貼りと変わらないと気がついていくかもしれません。

　次第に,自分のことでなければ(他者に起きた出来事や,他者の置かれた状況であれば),「別の捉え方もできるのではないか?」と柔軟性を持って考えられるようになり,自分に起きた出来事や,自分の置かれた状況ですら,いつもとは異なるフレーミングが利用可能になっていくことでしょう。

　さて,実際の臨床の中でポジティヴ・シンキングにならないようにしつつポジティヴ・リフレーミングを行っていくにはどのようにすればよいでしょうか。まずは前述のように,あらかじめセラピストは自由自在な物事の捉え方ができるよう,柔軟でいられるように準備しておきます。事実というものは各人の主観によって成り立っているものであり,絶対的な「事実」というものはないと考えます。「絶対的/客観的な真実」が存在するとしても,それを人が捉える・言葉にして語ることによって,無数にある「主観的な事実」によってしか対話をすることはできないのです。

　クライエントは,無数にある「主観的事実」のうちの一つを用いて,セラピストと対話を試みます。セラピストは,そのクライエントが語る「主観的な事実」を「絶対的/客観的な真実」と捉えることなく,「クライエントは○○と捉えているんだな」と,あくまで無数にある「主観的事実」の一つとして捉えます。

同じ人（こと）でも違って見える!!

**セラピストは無数のフィルタの中からクライエントに
とって有効なものを選びコミュニケーションを図る**

　セラピストは当然，そこでクライエントに対し，セラピストの「フィルタ」
を押しつけること（ポジティヴ・シンキング）もせず，「あぁ，それは無数に
ある主観的事実の一つでしかないですね」なんて野暮なことも言わず，クラ
イエントがかけている「フィルタ」のことを理解し，その「フィルタ」をか
けているとつらいだろうな，と受容します。

　セラピストは，その「フィルタ」が唯一のものではないと知っているため，
無数にある「フィルタ」の中から，クライエントとのコミュニケーションに
有効なもの，そして悪循環を変化させるために有効なものを選び取り，その
「フィルタ」による捉え方でクライエントとコミュニケーションを図るのです。

　それでは，短い事例を見てみましょう。

事例 1：否定的か謙虚か?

　D さんはうつ病と診断され，カウンセリングをすすめられました。カウンセ
リングで D さんは「それは私のせいなんです」「私が悪いんです」と繰り返し

訴え泣き続けます。

D　：やっぱり私はうつ病なんでしょうか。

Th　：私はあなたがうつ病かどうか，医師じゃないので診断はできないのですが……ところで，どうやってDさんはそんなに謙虚になれるんですか？

D　：（泣くのをやめてキョトンとした顔をして）謙虚ですか？　いやいや，そんな私は謙虚なんかじゃありません！

Th　：ほらほらほら〜「謙虚なんかじゃありません！」って，また謙虚になってるじゃないですか（笑）

D　：あ……（笑）

Th　：私が聞いていると，どうも相手のXさんのせいとしか思えなかったんですが，Dさんがお話しされていると，うま〜い具合に「Dさんのせい」になっていて，「え?!　そんなふうに考えると，自分のせいにすることができるんだ！　よくそういうふうに思いつけるなぁ」と感心してたんですよ〜。

D　：え〜そうですか？　自分では普通だと思っていたんですけど……（笑）

Th　：いやいや，そんな「自分を下げて，相手をかばう」謙虚になる作戦は思いつかないですよ！　私は全然謙虚になれないので，素直にすごいな〜って。どういう考え方をすればそんな謙虚になれるのか，教えてもらえませんか？

D　：う〜ん，そうですねぇ……その出来事が起きたときに……（後略）

　その後，何度かこのような「謙虚になる方法を教えてもらう」やりとりを続けていると，3か月後にはカウンセリングに来なくてもやっていけるようになり，その2年後に訪ねてきてくれたときにはすっかり「うつ病」とはいえないような元気な姿を見せてくれました。

　この事例では，クライエントが自分自身のことを「うつ病」「ネガティヴ」

とフレーミングしていたのに対し，セラピストが「謙虚」というリフレーミングを行いました。この「謙虚」というフレームでセラピストが話し続けることによって，いつの間にかクライエントもそのフレームを採用していたのです。

　もし，この対話の中で，セラピストが「（ネガティヴだなぁと思いながら）抑うつ感が強いんですね？　う～ん，うつ病の可能性がありますね。自分自身が悪いと感じてしまうんですね」と対応していれば，どのようになったか想像してみるとよいでしょう。

事例 2：不遇な人生を乗り越えてきたこと

　G さんは昔からいじめに遭ったり，友人の裏切りに遭ったり，会社ではパワハラに遭うなど，嫌な出来事ばかりに遭ってきて，自分自身の人生に失望していました。G さんは，「自分が悪いからこんなことになるのだろうか」と，カウンセリングに訪れました。

G 　：……というふうに，私は昔から嫌な目ばかりに遭ってきたんです。これまでもそうだったし，これからも同じように嫌な目に遭うんじゃないかと思い鬱々としているんです。

Th 　：そうでしたか……それは大変だっただろうと思います。私がその立場だともっと早く諦めたい気持ちになっていたかもしれません。そんな大変な中でも，ここまでどのようにして乗り越えてこられたのでしょうか。

G 　：どのように？　そうですね，これまでは「負けてたまるか！」という気持ちと，あとは家族の支えでしょうか。この二つがなければ，今頃ここにはいないと思います。

Th 　：なるほど！　E さんには「負けてたまるか！」という負けん気のような強さと，E さんご家族の支えがあったのですね。その強さはどうやっ

て手に入れたのでしょうか？

G　：どうやってというか，もとからでしょうね。負けず嫌いなんです。それを家族もわかってくれていて，家族は何も言わずサポートしてくれています。

Th　：そうでしたか。そして今回は，あなたの負けず嫌いと家族のサポートに加え，ここにも来てくださったのですね。これまで，困ったときに相談できる相手はいましたか？

G　：いえ，これまでにはいませんでした。

Th　：これまでは困ったときに相談できる相手がいなくても，やってこられたということですか。そんなつらい中でよくぞ乗り越えてこられました。今回は私たちがいるので，一緒に乗り越えてよりよい未来にしていくことができそうですね。ぜひお力になれたらと思います！

　この事例では，Gさんはこれまでの人生を「嫌なことばかりの人生」と捉えていましたが，セラピストが「嫌なことを乗り越えてきた人生」とリフレーミングを行い，乗り越えることのできた理由として「負けず嫌い」と「家族のサポート」というリソースをともに見つけることができました。またセラピストは，困ったときに相談できる相手がいなかったにもかかわらず，数々の困難を乗り越えてきたGさんをねぎらっています。このことで，「一人でも何とか困難を乗り越える力があったが，今なら相談相手がいて一緒に考えることができるので，さらによりよい未来へ向かえる」というリフレームへとつなげました。

　事例から少しイメージしてもらいやすくなったでしょうか？

　この事例でも，セラピストはクライエントの物事の捉え方（フィルタ）を否定してはいません。セラピストは複数の種類のフィルタを利用できる柔軟性を持った上で，クライエントにとってプラスになる（であろう）フィルタを選び取って，それをとりあえずのところの「事実」として捉えながら，クライエントとコミュニケーションを図っています。

この視点から見ると
「困難を乗り越えて
きた人生」

困難
B

困難
C

困難
D

困難
A

この視点から見ると
「困難ばかりの人生」

ポジティヴな捉え方をしてリフレーミング

その中で，セラピストは「クライエントがそのフィルタで世界を捉えていること」を否定しません（できません）が，その一方でクライエントも「セラピストがそのフィルタで世界を捉えていること」を否定できません（そうかなぁ？　と疑問は持っても，「それは違う！」と否定はしません。それも主観的事実の一つなのですから）。この世の中に完全な「客観」はありえません。すべての人が個々に「主観」という名のフィルタをかけて生きています。「客観」とは，それら「主観」という名のフィルタをかけた人たちが，「主観フィルタを取り除くことができたら，きっとこんな感じだろう」と考え，自分自身の「主観」のフィルタの上から「客観」のフィルタをつけているにすぎないのです。

社会構成主義では，「現実は，言語によって合意がなされることで構成される」と考えられます。

もしクライエントが話す主観的事実（たとえば，「私は友達が少なくて不幸だ」）を，セラピストが疑うことなく「それは紛れもない事実だ」と捉えてしまった場合，セラピストとクライエントの間では，それが事実として共有されてしまいます。

一方，クライエントが話す主観的事実（たとえば，「私は友達が少なくて不幸だ」）に対し，セラピストが「え，ほんとに？　そうかなぁ？　私はそうは

友達3人しか
いない…

クライエントの主観的事実　➡　こんなによい友達が3人いる
のは多い方なのかも…？！

かけがえのない
お友達が3人も
おられるのですね？

リフレーミングで別のフレームの可能性をクライエントに伝える

思わないけど……（あなたは，そう思っているんだね）」と反応すると，その時点で「クライエントは，友達が少なくて不幸かもしれないし（クライエント談），友達が少なくても不幸ではないかもしれない（セラピスト談）」という現実が構成されます。

　そのまま続くクライエントとの話の中で，セラピストが「どうやってそんな素敵な友達をつくれたの？」とか「かけがえのない親友がいていいなぁ」という言葉でコミュニケーションを続けていくと，「いかに素敵な友達をつ

Column

リフレーミングに似たものとして，ノーマライゼーション（normalization）というものがあります。ノーマライゼーションとは，その名の通り normalize（普通に）することを意味する技法です。クライエントが「悪いと考えていること」をセラピストが「むしろ良いこと」と捉えることをリフレーミングとすると，ノーマライゼーションでは，それを「普通・一般的なこと」と捉えます（例：Cl「こんなことでイライラするなんて心が狭い」⇒ Th「そんなことがあったらイライラして当然では？」）。これも，リフレーミングの一種と考えることができるでしょう。

くってきたか」「かけがえのない親友を持つクライエント」という現実を構成していくことになり，クライエントが話す「私は友達が少なくて不幸だ」という主観的事実は勢力を失っていくでしょう。

このように，リフレーミング（特にここではポジティヴ・リフレーミング）は，セラピスト自身が別の捉え方をクライエントに押しつけるのではなく，セラピストがクライエントにとって有用なフレームを採用し，コミュニケーションを続けることによって，セラピストが採用したフレーミングに基づいた現実の方が強くなっていき，クライエントもそのフレーミングを採用しやすくしていきます。

(2) ネガティヴ・リフレーミング

リフレーミングの多くは，クライエントにとって役に立たないネガティヴなフレームを，クライエントにとって役に立つポジティヴなフレームに再枠づけ（リフレーム）していきます。ですが，家族療法やシステムズ・アプローチにおけるリフレーミングとは，システムにおける悪循環を変化させるために行うものですので，もし悪循環を変化させるためにネガティヴな方向性のフレーミングが役に立つ場合には，ポジティヴなフレームをネガティヴ・リフレーミングすることもあります。

ただし，クライエントがポジティヴなものとして捉えている出来事や物事をネガティヴにリフレーミングすることは，クライエントの反発を招きやすいため，初学者には難しいかもしれません。

事例 3：ネガティヴ・リフレーミングの例

CI ：ありがとうございます。今日のお話はすごくためになりました。

Th ：え！　ごめんね。これまではわかりにくかったのか……気をつけます！

> CI　：あ，いえいえ，そんなことないです（笑）
> Th　：（笑）⇒和やかな雰囲気に。

　「今日のお話はすごくためになりました」の「ためになった（ポジティヴ）」のところにあえて注目せず，「今日のお話『は』」のところに注目し，「今日の話はためになった⇒いつもの話は（相対的に）ためになっていなかった」と捉えた発言をすることで，固かった雰囲気を和らげることに成功しました。

(3) ポジティヴ・コノテーション

　ミラノ派家族療法には，戦略派家族療法で行われたポジティヴ・リフレーミングとやや似通ったものとして「ポジティヴ・コノテーション」というものがあります。コノテーションとは，日本語で「言外の意味，含蓄」という意味で，これまでの家族の歴史の中でとられてきた各家族成員の行動や症状は，「家族を現状維持していくために意味があるため，変化するべきではない」という肯定的意味づけがセラピストから行われます。

　システムにおいて，その現状のシステムを維持するために，セラピストからの変化を起こすための介入が，全く聞き入れられないことがあります。逆説的に「変化を起こしてはいけない（起こすべきではない）」という介入を行うこと（対抗逆説）によって，その介入に抵抗するためのコミュニケーションが起きることを利用し，その結果，家族は変化せざるをえなくなる状態に導くものです。

2.　エナクトメント（実演化）

　ここでは，ミニューチンの構造派家族療法での「エナクトメント（実演化）」について紹介します。エナクトメントとは，家族が行っている機能的でない

もう少し食べて
みたら？

……。

**エナクトメントでいつものコミュニケーションが
機能的でないことに気づきやすくなる**

コミュニケーションをセラピストの目の前で実演してもらう方法です。

　機能的でないコミュニケーションについて，IP を含むそれぞれの家族成員
が説明をした場合，各家族成員の視点による現実が言語化されますが，言語
化の限界や主観的立ち位置から逃れることのできない複数の視点が混乱を生
じさせることが少なくありません。そこで，実際に家庭の中で起きている や
りとりをクライエント家族に実演してもらうことによって，家庭内で起きて
いる現象をセラピストが目の当たりにできるようになります。エナクトメン
トでは，実際に家庭の中にある非機能的なコミュニケーションを，面接室の
中で行えるため，そこに直接セラピストが介入し，コミュニケーションを変
容させることが容易になります。

　また，家族成員たちも「IP が問題を持っている」という認識から「家族で
のコミュニケーションがうまくいっていない（非機能的である）」ということ
に気づきやすくなるため，特定の誰かのせいにしづらくなるともいえるで
しょう。

3. ユーティライゼーション（有効利用化）

　ユーティライゼーション（utilization）とは，「利用できるものは何でも利用する」というミルトン・エリクソンが用いていた方法をいい，この考え方はのちの家族療法やソリューション・フォーカスト・アプローチ（SFA）などにも影響を与えています。

　ユーティライゼーションとして，セラピーに利用される事柄は無数にあります。クライエントの用いる言葉，ふいに生じた現象や症状，たまたま関わった人たちなどを，悪循環を変化させたり良循環を促進させたりする目的で用いることがあります。

　セラピストが「何かこのことをうまく利用（活用）できないかな？」という視点を持っていることによって，一見邪魔なものやムダと思えるものでさえ，セラピーの文脈に持ち込むことが可能なのです。

事例4：クライエントの発言をユーティライズした事例

Cl ：（学校で）交通安全に関する担当者が決められていないなんて，このことは問題ですよ！

Th ：そうです，問題ですね。あなたのおっしゃる通りです！　ありがとうございます。そのように，このことを「問題」として提示してくれたおかげで，今後似たようなことが起きかけても，事前に対処できるようになりました。

Cl ：はい……聞いてくださってありがとうございます。

Th ：いえいえ，お礼を言うのはこちらです。このように「思ったことを言ってもらえる」ということはすごいことだと思います。なかなか言いたくても言えないことってたくさんありますから。

C ：そうですね……しばらくモヤモヤしていたんですけど，思い切って

> 言った方がいいかなって思って言いました。
>
> Th　：それは大変助かりました。このようなことは，誰と誰との間でも起きることがあると思いますので，ぜひお互いに気をつけていきましょう。

　ここでは，クライエントの使った「問題」という言葉をユーティライズしました。最初のクライエントの発言からは，セラピストとクライエントの関係悪化が危ぶまれますが，セラピストがクライエントの「問題」という言葉によってジョイニングすることで，関係づくりを行っています。

　たとえばセラピスト自身の情報についても利用することがあります。精神分析などの他の心理療法においては，「カウンセリングの中でセラピストの自己開示につながるようなことは一切話してはいけない」とされていることも少なくありませんが，セラピスト自身の情報であってもセラピーにユーティライズ（有効活用）できるものは何でも用います。当然，何でも用いるとはいえ，臨床家・対人援助職としての倫理に関わることには気をつけなければいけませんし，セラピスト自身の情報を一部開示することによる影響についてはよく検討する必要があります。あくまで，家族療法におけるシステム論的見立てに則って，その自己開示が悪循環を変化させるのに有効であり，また総合的・倫理的に見ても良手であると考えられる場合に限ります。

事例5：セラピストの情報をユーティライズした事例

　Cl　：兄は，いつも私には優しくしてくれないんです。ちょっと優しくしてくれるかな？　と思ったら，言葉はすごくそっけないし。

　Th　：私にもきょうだいがいますが，なかなかきょうだいには面と向かって素直になれないものですね。

　Cl　：ごきょうだいおられるんですね。やっぱり素直に優しくしにくいもの

> ですか？
> Th　：そうですねぇ，照れ隠しのようなものだと思うんですが，こうやって
> 　　　あなたとお話しするときみたいに笑顔で話すのってなんだか難しいん
> 　　　ですよね……お恥ずかしいことですが。
> CI　：そうかぁ……じゃあ兄も同じような感じなのかも。
> Th　：全く同じってことはないかもしれないですが，お兄さんも同じように
> 　　　恥ずかしくて，素直に優しくできないのかもしれないですね。

　セラピストにも，クライエントと同じようにきょうだい関係があることから，そのことを利用して，クライエントに一つの事例として自身の経験を提供しています。きょうだい関係がないセラピストから，単に想像で言われるよりも信憑性が高く，一つの事例として取り入れてもらいやすくなります。

　以上，リフレーミングやエナクトメント，ユーティライゼーションについてご紹介しました。ユーティライゼーションは，家族療法の技法というよりは，ミルトン・エリクソンが用いていたものをブリーフセラピーの中で用いるようになったものですが，家族療法の中でもコミュニケーションに変化を起こすことに十分寄与することから，ここでご紹介しました。

 より深めるための参考文献

- 東　豊（著）『リフレーミングの秘訣──東ゼミで学ぶ家族面接のエッセンス』日本評論社 2013 年

8章

家族療法の方法論 2

本章では，7章に引き続き家族療法で用いられる技法について紹介します。

1. チーム・アプローチ

MRIで行われ始めた特殊な面接構造によるアプローチのことを，チーム・アプローチと呼びます（図8-1）。チーム・アプローチでは，三種の神器として「ワンウェイミラー」「インターフォン」「VTR（ビデオカメラ）」の三つを用います。

二つの隣り合った部屋の間にはワンウェイミラー（マジックミラー）が設置されており，一方の部屋からはもう一方の部屋の様子が見えるが，逆方からは鏡のように見えるようになっています。

部屋にはインターフォンが設置され，インターフォンの音が鳴ったらセラピストはセラピストのチームが待っている部屋に行き（あるいは受話器でセラピストのチームからの指示を聞き），その後もとの面接に戻るといった構造をとります。

また同時に，面接の様子はビデオカメラ（VTR）でも撮影されており，後からそのビデオをセラピストやセラピストチームが見ることによって，全く

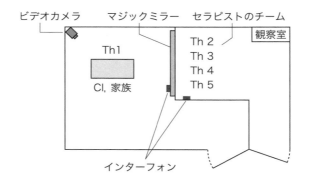

図 8-1　チーム・アプローチの図

別視点からその面接の様子を眺めることができる構造になっています。これにより、①セラピストからの視点、②セラピストとクライエント（とその家族）の面接を外部から見るチームの視点、③それをビデオに収録し、時間を置いてから見る視点、と様々な視点をとることができるようになっており、この構造は実習生の研修などにも有用として使われています。

2.　症状処方

　症状処方とは MRI による技法ですが、戦略的家族療法でいうところの逆説処方（パラドックス）がそれにあたるとも考えられます。たとえば、あえて問題行動や症状を出すようにセラピストが指示することで、それらが結果的に生じなくなることがあります。無意識のうちに生じていた問題行動や症状が、意識的に起こそうとすると生じなくなることを利用するものです。ただし、この方法は使い方を誤ると問題を悪化させてしまうことになりかねないため、むやみに使うべきではないでしょう。

　症状処方、逆説処方、治療的ダブルバインドは非常に似ており（図 8-2）、ポジティヴ・リフレーミングとポジティヴ・コノテーションも非常に似てい

るといえます（p.88参照）。このように，家族療法の各流派が行っていること
は非常に似ています。家族療法では，クライエントの提示する「問題」や「症
状」にフォーカスしすぎることなく，あくまで家族システムにおけるコミュ
ニケーションの相互作用，家族構造といった家族という一つのシステムのあ
り方を変化させることによって，結果的にクライエントが「問題」や「症状」

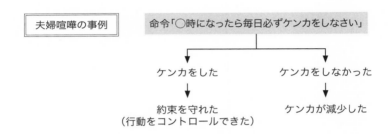

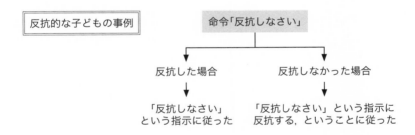

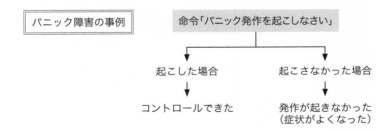

図 8-2　症状処方の事例

と捉えているものに変化を起こしたり，それらに対する捉え方そのものを変化させようと試みているのです。

　ゆえに，個々の技法は単体で用いるのではなく，家族療法の認識論のもとで用いることが重要であるといえるでしょう。

❖ 治療的ダブルバインド

　症状処方を行った結果，どちらに転んでも治療的となる状態を「治療的ダブルバインド」と呼ぶことができます。治療的ダブルバインドとは，ベイトソンのダブルバインド（二重拘束）「言われたことに従うと罰せられ，従わなくても罰せられる状態」を治療的に利用し，「言われたことに従うと症状が変化し，従わなくても変化せざるをえない状態」にしようとするものです（3章，p.33 〜 34 参照）。

治療的ダブルバインド

　この状態を形成することは容易ではなく，またその治療的ダブルバインドの状態から抜け出ないようにクライエントに指示することの難しさもありますが，うまくハマればコンプリメント（称賛）につながったり，家族関係やIPの考えなどに大きな変化を起こすことにつながったりすることがあります。

　以上のように，チームアプローチや症状処方（あるいは治療的ダブルバインド）を紹介しましたが，技法だけが一人歩きをすると逆効果になることもありますので，これらの技法については安易に使わないよう，注意が必要です。実際の家族療法によるカウンセリングのいろいろな事例を見たり，家族療法の実践をする中で，まずはそれらの技法が使われているところを想像することから始めてみるとよいかもしれません。

 より深めるための参考文献

- 若島孔文・長谷川啓三（著）『新版 よくわかる！短期療法ガイドブック』金剛出版　2018 年

9章

ジェノグラムとは

ジェノグラム（家族樹形図）は家族の理解を手助けするツールとして確立されたものです。その活用は家族療法にとどまらず，他領域でも幅広く家族の状況や歴史，家族間の関係性を視覚的に把握するために活用されています。

クライエントから直接家族のことを尋ねるだけでは，どうしても家族やセラピストの関心が家族の理解に影響を及ぼしてしまう可能性が高くなります。

一方ジェノグラムをクライエントと一緒に作成することで，セラピストはもちろんクライエントすら理解していなかった家族のことをも，理解することが可能になります。この章では，ジェノグラムの活用の有効性，活用の仕方を解説し，その上で実際の事例をもとにジェノグラムを解説していきます。

1. ジェノグラムの書き方

まずは，ジェノグラムの書き方を示していきたいと思います。ただ，ジェノグラム自体に画一的な決まった形式があるということではないので，ここではモニカ・マクゴールドリック（McGoldrick, M.）らによる『ジェノグラム――家族のアセスメントと介入』の表記を参考にしています（図 9-1）。そして，たくさんあるジェノグラムの記号のうち使用頻度が高いと思われるも

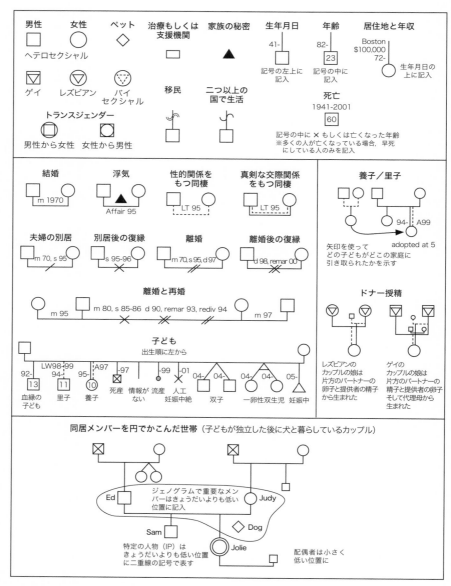

図 9-1　ジェノグラム表記法一覧（McGoldrick et al., 2008/ 渋沢訳, 2018 より作成）

100

（今後出版してほしい本などのご意見がありましたら，ご記入下さい。）

《愛読者カード》

| 書　名 | |

購入日　　　年　　　月　　　日

おところ　（〒　　－　　）

（Tel　　－　　－　　）

お名前（フリガナ）

男・女　　歳

あなたのご職業は？　○印をおつけ下さい

（ア）会社員　（イ）公務員　（ウ）教員　（エ）自営業　（オ）学生　（カ）研究者　（キ）その他

お買い上げ書店名　都道府県名（　　　　　　　）

書店

本書をお知りになったのは？　○印をおつけ下さい

（ア）新聞・雑誌名（　　　　　　　）　（イ）書店　（ウ）人から聞いて
（エ）献本されて　（オ）図書目録　（カ）DM　（キ）当社HP　（ク）インターネット
（ケ）これから出る本　（コ）書店から紹介　（サ）他の本を読んで　（シ）その他

本書をご購入いただいた理由は？　○印をおつけ下さい

（ア）教材　　（イ）研究用　　（ウ）テーマに関心　　（エ）著者に関心
（オ）タイトルが良かった　（カ）装丁が良かった　（キ）書評を見て
（ク）広告を見て　（ケ）その他

本書についてのご意見（表面もご利用下さい）

このカードは今後の出版の参考にさせていただきます。ご記入いただいたご意見は
無記名で新聞・ホームページ上で掲載させていただく場合がございます。
お送りいただいた方には当社の出版案内をお送りいたします。
※ご記入いただいた個人情報は、当社が取り扱う商品のご案内、サービス等のご案内および社内資料の
　作成にのみ利用させていただきます。

のをピックアップして説明していきます。なお，本書では図9-1の表記をより簡略化して記載しています。

(1) カップルの誕生

ジェノグラムの書き方をイメージしてもらうために，架空の事例をもとに説明していきます。武さん40歳，莉子さん28歳は結婚1年目の夫婦です。ジェノグラムでは，男性は□で左に，女性は○で右に表現します。二人が結婚している場合は，以下のように示します（図9-2）。さらに，そこに年齢や必要な情報を書き加えていきます。

図 9-2　結婚

(2) 子どもの誕生

次に，結婚した夫婦に子どもが誕生した場合です。3年後，莉子さんは1人目の子どもを流産したものの，すぐまた妊娠し，出産しました。この段階

Column

上記のジェノグラムのように，夫婦の年齢差が12歳ぐらいあるとき，あなたは何を感じますか？　野次馬根性で何でも聞いたらいいということではありませんが，多くの人たちと違う選択肢をとるというその背景には，その家族独自の物語が隠れている可能性があります。もしかしたら，周りに反対されたかもしれません。もしかしたら，本人たちにも葛藤があったかもしれません。偏見を持ってはいけません。でも一方で「あれ？」と気づける感度を常に持つことがジェノグラムを見るときに限らず，家族を理解する上でとても大切なことになります。

において, 子どもの名づけが行われます。『対人援助職のためのジェノグラム入門』（早樫, 2016）では, 命名の中で行われる家族の決断が, 家族システムの理解につながることに言及しています。より深く理解したい方はぜひ一読ください。

名づけだけに限らず, 家族は大小たくさんの決断を行っています。それが, どんな相互作用の中で決断という結果に結びついているのかを見ることは, 家族システム理解を深める大きな材料になります。

ジェノグラムでは, 子どもは生まれた順に, 以下のように左から書いていきます（図9-3）。また, 妊娠は△, 流産した場合は⬤, 人工妊娠中絶は×で表現されます。

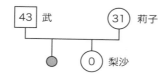

図9-3　出産

（3）離婚と再婚

武さんと莉子さんですが, 結婚前に莉子さんの母親が反対したことが影響して, 親世代との関係が悪化しました。さらに, 孫の誕生と同時に莉子さんの両親との関わりが増えたことをきっかけに, 夫婦関係が悪化し, 離婚に至りました。娘の梨沙さんは莉子さんが引き取りました。離婚から1年後に莉子さんは, 同じ歳の拓海さんと再婚しました。拓海さんは最初の妻と2年前に死別しており, 3歳の康太くんを一人で育てていました。

離婚して再婚したパターンのジェノグラムを図9-4に示します。ステップファミリーといわれる, 子連れ再婚のパターンになります。

図 9-4　再婚

(4) 子どもの結婚と出産

　時が経ち，娘の梨沙さんは大学を卒業し，就職。翌年会社で出会った同僚と結婚をして，出産をしました。

　最後に，子どもが結婚，出産したジェノグラムです（図 9-5）。これで三世代をジェノグラムに表したことになります。基本的に，ジェノグラムでは三世代以上を書くことを一つの目安にしています。

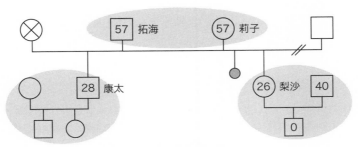

図 9-5　子どもの結婚と出産

2.　ジェノグラムの意義

　クライエントの利益のためにも，ジェノグラムを正しく効果的に使うには，ジェノグラムがなぜ必要かを理解することが重要になってきます。

(1) 今の家族を理解する

　ジェノグラムの意義として，まず今の家族を理解できるということがあげられます。ジェノグラムを作成しながら家族の話を聞くことで，通常語ることがまずないであろう，叔父さんの話が出てきたりと，意外な関係性が見えてくることもあります。今まで一切話題に出なかった母親は，再婚して別の家族を築いているため意図的に話題にあげていないのかもしれません。また，本人は意識していなかったが，父方の親族のことは一切聞いていなかったという事実を知ることもあります。そこから問題を解決するためのリソースが出てきたり，逆に問題を維持している悪循環が見えてくることもあります。

(2) 家族の歴史を理解する

　ジェノグラムの意義は，今の家族を理解するだけにとどまりません。過去の家族の歴史，または関係性の変化をも，ジェノグラムを通して理解できることがあります。家族の歴史を理解するには，視覚的にジェノグラムを完成させるだけではなく，時間軸を意識しながら質問をしていく必要があります。

Column

　学生とジェノグラム面接の練習をしていると，家族の中で誰かが亡くなっている場合，意図的にその人のことを聞かない場面をよく見ます。おそらく，相手を傷つけないように，自分が傷つかないようにという思いから，葛藤がある話に触れることを避けているのだと思います。家族の話を尋ねるということはその人のとてもプライベートな領域に入ることになります。だからこそ，どこまで話してもよいのかを決めるのはあくまで話し手です。聞き手は，断ってもよいということをきちんと伝えると同時に，きちんと話し手に敬意を払いながらも過度に気を使わずに理解しようとする姿勢が問われます。実はこのことは通常のカウンセリング場面でも同じですが，ジェノグラム面接の場合では視覚化されているため，聞き手が触れていない話がより明確になります。そういう意味で，セラピストの教育という観点においても，ジェノグラム面接は意義のあるものといえるのではないでしょうか。

「あれ？　なぜきょうだいの年齢がこんなに離れているのかな」「三世代全員が離婚しているけど，どうなっているのかな」「お母さんにはきょうだいが多いけど，同時にみんなで住んでいたときがあるのかな」など，ジェノグラムの作成をしていく過程で，家族の歴史にも関心を持ちながら，クライエントと一緒に家族の理解を深めていくことが大切になります。

(3) システムとして家族を理解する

　次に，ジェノグラムを通してシステムとして家族を理解するという視点です。特に，家族療法の立場に立ってジェノグラムを見たときに，それぞれの個人の情報だけでなく，相互にどう影響し合っているのかといった相互作用を見ていくことがとても重要になります。たとえば，前述した命名（名づけ）の決断の例で説明すると，頑固で昔気質な祖父が「長男には自分の名前を入れろ」と言ってくるかもしれません。従順な祖母は祖父の意見を肯定しながら，裏で

Column

　「昔気質で頑固な祖父」のように誰かを形容する言葉をどう扱うのかを意識することは大切です。ポイントとしては二つの次元があります。たとえば，母親を「優しい」と形容したクライエントは，その「優しい」にどんな意味を持っているのでしょうか。「優しい」の定義は人の数だけ存在します。そして優しいと思ったのには何かしら具体的なエピソードが存在するものです。すべてをそこまで言及する必要があるかどうかは状況に応じて判断が必要ですが，相手の言っている形容詞が自分の理解と同じとは限らないということを

忘れて，理解した気にならないようにすることが大切です。

　次のポイントは，優しい母親は，他のきょうだいや友達，父親から見ても優しい母親なのかということです。もしかしたら，他のきょうだいからはすごく怖い母親と思われているかもしれません。ジェノグラムの作成という場面では，優しい母でしたという言葉を鵜呑みにするのではなく，他の家族からはどういう目で見られていたのかを確認することで，家族の違った側面が浮き彫りになることも少なくありません。

こっそり「従わなくていいよ」と言ってくるかもしれません。それに対して，気の弱い父が祖父におとなしく従うのか，気の強い母の意見を採用するのか，どういう流れで決断に至るのかを知ることで家族への理解がより深まっていきます。頑固で昔気質な祖父という単純な情報だけでは不十分です。

　また家族システムを理解するためには，現在だけに限らず過去の相互作用，時には世代を超えて変化していく，または繰り返している家族システムを理解することも必要になります。

(4) 家族にジョイニングする

　最後に，個人や家族にジョイニングするツールとしても，ジェノグラムは大きな力を持っています。家族のことに興味を持って尋ねる姿勢，本気で理解しようとして向き合う態度が，結果として今後の治療関係の基礎となっていくことがあります。

3.　事例から学ぶジェノグラム

　ジェノグラムは，家族を理解するという側面だけでなく，カウンセリングの中でジェノグラムをつくる過程そのものが，セラピューティックな効果を発揮することがあります。ここでは事例を交えながら，ジェノグラムの活用方法を示していきます。

事例1：家族の文化の違いを理解する

　夫の聡さん38歳，妻の紀子さん35歳は，結婚3年で夫婦喧嘩が絶えず，カウンセリングルームを訪れました。紀子さんは聡さんを「マザコンで頼りない」「すぐにお母さんに相談する」と強く訴えました。話を聞くと，ケンカは実家

や親戚との付き合いがきっかけになっていました。聡さんは紀子さんのことを「嫁に入った自覚がない」「最低限の家族の付き合いをしない」と言い，それに対して紀子さんは「夫婦のことは夫婦で決めるべき」「なぜたいして知らない人とも仲良くしなければならないのかが理解できない」ということをカウンセリングの場面でも言い合っていました。

カウンセリングの中で，二人に「お互いの家族のことを理解し合えないのが問題」「だからそこを何とかしないといけない」という共通の問題意識が見えたため，そこからお互いの家族を理解するためにジェノグラムを一緒につくることを提案し，合意してもらいました。以下が聡さんと紀子さん夫妻のジェノグラムです（図9-6）。

ジェノグラムをつくることで顕著な特徴がいくつか見えてきました。夫の

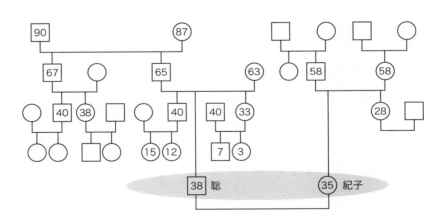

図9-6 事例1のジェノグラム

聡さんは，祖父や祖母だけでなく，親戚の年齢や職業，パーソナリティーまでとても多くのことを知っているのに対して，妻の紀子さんは祖父母の年齢すら知りませんでした。

また，ジェノグラムをつくる過程で，セラピストが名づけのエピソードを尋ねると，聡さんの家では祖父が聡さんの名前をつけていたのに対して，紀子さんの家では両親が何日も相談して本まで買って決めていたことが見えてきました。

ここで明確に見えてきた差は，聡さんの家は，夫婦が中心の家ではなく，親世代を中心に親戚も含めて互いに近い距離感を持つ文化があるのに対して，紀子さんの家は何事も夫婦中心で，そこに誰かが介入することがおそらくあまりない（少なくとも娘の目からはそのように見える）文化があることが見えてきたのです（それがすべてと思わず，あくまで一つの側面として捉える必要がありますが）。

ジェノグラム作成の過程で，当初，聡さんは多くの親戚と付き合ってきたことが，会社での人間関係をつくる上で役に立っていること，小さいときに従姉妹に遊んでもらったことが，すごく楽しかったことを繰り返し語っていました。しかし，徐々に，誕生日などは父と母ときょうだいだけで過ごしたかったという記憶や，親戚との関係に気を使って疲れている母親の顔を見るのがつらかったことなども作業過程の中で思い出し，語るようになりました。

紀子さんはその話を聞きながら，夫の家族との付き合い方が嫌だと表現してきたが，理解できない戸惑いの方が大きいことを語り始めました。「どうしても感情的に嫌だという表現になってしまった」「でも本当は二人でどういう家族をつくりたいかという根本的な話をもっとたくさんしたかった」と語り，聡さんもそれに同意しました。その後，カウンセリングを通して，お互いの原家族を尊重しつつ，どう二人の家族をつくっていくのかという話し合いを進め，終結しました。

もちろん厳密には，ジェノグラムで見えてくるものは他にもたくさんありましたし，スムーズに進むものばかりではありませんでした。ただ，クライ

エントとセラピストが協力してつくり上げていくジェノグラムを通して，新しい景色が見えてくること，さらにそこから協働する流れができてくる様子を感じていただければと思います。

　夏帆さんは30歳。夫と結婚して1年になるが，夫と二人きりになると緊張するという状態が苦しいとカウンセリングルームを訪れました。男性との交際経験も夫しかないため，他との比較はできないものの，交際し始めたときから緊張があり悩んでいたようです。ただ，男性に慣れていないためだと思い，時間が解決してくれると過ごしていたのですが，結婚しても一向に緊張が減らないことに不安がより高まり，来所を決断したようでした。

セラピストは，夏帆さんのことをより理解するためにと原家族のことを尋ねましたが，覚えていないと言ってあまり話が進まなかったため，一度視覚化してみましょうとジェノグラムを一緒につくることを提案して，夏帆さんも合意しました。以下が夏帆さんのジェノグラムです（図9-7）。

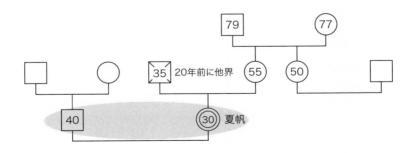

図9-7　事例2のジェノグラム

　ジェノグラムを書いていて見えてきたのは，夏帆さんが知らないことがたくさんあるということでした。たとえば，夫の親族のことを全く知りませんでした。夫は両親と疎遠で，夏帆さんは夫から「結婚の挨拶もいらないから」と言われて，それを特に疑問に思わずに受け入れていたことを，あらためて自分で再確認できたと話してくれました。

　次に，父の死についても実は何も知らないということが見えてきました。当時 10 歳の夏帆さんには，説明が全くなかったようで，夏帆さんはこのことについても特に詳しく聞くことなく，受け入れていたとのことでした。そのときの感情を尋ねても，正直あまり覚えていないとのことで，話が深まることはありませんでした。ただ，ジェノグラムを作成する過程で，お父さんのことを尋ねていくと「何かすると殴られていた」「幼稚園のときに珍しく父に何かを買ってもらえてうれしかった。でも帰りにそれを落としてしまって，すごく怒られた」「父が亡くなったと知ったとき，実はほっとしたけど，そう思うことがすごく悪いことだと思った」と涙ながらに語られました。

　さらに，母とは良好な関係だと説明していましたが，ジェノグラムの作成過程で，「父に殴られているときに，母は何も助けてくれなかった」と，母への言葉にできていなかった葛藤を語り，「中学校ぐらいから『男の人は信用してはいけない』と何度も何度も言われ続けてきたことを今思い出しました」と語ってくれました。

　ジェノグラムを書いて，あらためて夏帆さんは，自分が家族を理解しようとしていないこと，そして，父や母の影響で男性が怖いと思っているということに気づいたと話してくれました。

　このケースは，会話のみでは言語化できなかったことがジェノグラムをつくる過程で言葉になっていったケースです。また，完成しないジェノグラムから，家族間でお互いに興味を示すことが少ない家族であるということも見えてきました。このケースのこの後の方向性は，実際にはセラピストがどういった理論的背景を持っているのか，どういった方法論を選択するのかによって変わってきます。ちなみに，このケースに関しては家族療法の枠の中

ではなく，まず過去のトラウマをケアするために，トラウマへのアプローチとしてエビデンスのある心理療法 EMDR（Eye Movement Desensitization and Reprocessing: 眼球運動による脱感作および再処理法）を選択し，トラウマの影響を低下させて夫との緊張をほぐしてから，その後，夫婦カウンセリングを実施し，終結まで進みました。

4. 最後に

　この章では，最初に事例をもとにジェノグラムの書き方を解説し，次にジェノグラムの意義，最後に活用事例を紹介しました。ただ，ここで紹介した内容はあくまで基本的な内容になります。これらを踏まえて各領域では，ジェノグラムはいろいろな使われ方がなされています。もし家族を理解したい，クライエントの回復のために家族の力を理解したいと思われている人は，ぜひこの機会にジェノグラムの学びを深めてみてください。

より深めるための参考文献

　以下の本はジェノグラムにとどまらず家族を理解したい，家族を支援したい人には必読だと思います。とても読みやすい本ですのでぜひ読んでください。

- 団　士郎（著）『対人援助職のための家族理解入門——家族の構造理論を活かす』中央法規出版　2013 年
- 早樫一男（著）『対人援助職のためのジェノグラム入門——家族理解と相談援助に役立つツールの活かし方』中央法規出版　2016 年
- 早樫一男（編）『ジェノグラムを活用した相談面接入門——家族の歴史と物語を対話で紡ぐ』中央法規出版　2021 年

　より詳細に理解するために，分厚い本ですがぜひ一度手にとってみてください。

- モニカ・マクゴールドリック，ランディ・ガーソン，スエリ・ペトリー（著）渋沢田鶴子（監訳）『ジェノグラム——家族のアセスメントと介入』金剛出版　2018 年〔McGoldrick, M., Gerson, R., & Petry, S. (2008). *Genograms: Assessment and intervention* (3rd ed.). W. W. Norton & Company.〕

10章

家族療法の歴史と諸派の考え方

本章では，家族療法の歴史と家族療法諸派の考え方についてまとめてご紹介します。

1. 家族療法の歴史

1章の3.（p.11）で少し触れたように，家族療法の起源としては，精神力動的家族療法の創始者であるネイサン・アッカーマン（Ackerman, N. W.）が，精神力動的な立場から，母親も一緒に面接室に入れた母子同席面接を始めたことが一つあげられます。

また，カリフォルニアのパロアルト・グループを率いた文化人類学者のグレゴリー・ベイトソン（Bateson, G.），その後パロアルト・グループから生まれた MRI（Mental Research Institute）の所長であるドン・ジャクソン（Jackson, D. D.），MRI の研究に大きな影響を与えた天才催眠療法家と呼ばれるミルトン・エリクソン（Erickson, M. H.），エリクソンの研究を精力的に行った戦略派家族療法のジェイ・ヘイリー（Haley, J.）やポール・ワツラウィック（Watslawick, P.）らもあげることができます。

それに加え3章で紹介した生物学から援用した「システム理論」や「円環

的認識論」，言語学による「語用論」，ベイトソンの研究による「ダブルバインド理論」，ワツラウィックらによる「コミュニケーションの暫定的公理」といった考え方に，ジャック・デリダ（Derrida, J.）やケネス・ガーゲン（Gergen, K. J.）らによる「社会構成主義」や，ウンベルト・マトゥラーナ（Maturana, H. R.）やフランシスコ・ヴァレラ（Varela, F. J.）による「オートポイエーシス」が加わることによって，家族療法自体が大きく発展してきました。

　初期の家族療法から，ソリューション・フォーカスト・アプローチ（SFA）やナラティヴ・アプローチ，現代の家族療法へと変遷していっており，これら家族療法の諸派や家族療法由来のアプローチの間でも大きな違いが見られます。本書では，主に MRI のシステム論的家族療法を中心としつつも，現代の家族療法で用いられるアプローチを広く紹介してきました。このように，家族療法が生まれてきた経緯は複雑で，様々な流派に分かれています。「全体として」の家族療法を学び，家族療法のイメージができれば，次は各流派から「部分として」の家族療法として捉え直すことも重要ではないでしょうか。

2.　家族療法の諸派

　現在，これらの様々な家族療法の流派が折衷的に用いられていますが，各流派を代表する家族療法家の考え方をそれぞれ分けて理解しておくことは，折衷する上でも重要と思われます。

　決して十分とはいえませんが，各流派を概観していただき，さらに興味を持って学びたい場合には，ぜひ章末で紹介する書籍にあたってみてください。

(1)　精神力動的家族療法

　MRI のジャクソンとともに，家族療法の学術誌 *Family Process* を創刊したニューヨーク家族研究所のアッカーマンが始めた家族療法のことをいいます。ニューヨーク家族研究所は，彼の死後アッカーマン研究所（Ackerman Institute of the Family）と名前が変えられ，現在も続けられています。

　もともと，アッカーマンは精神分析による個人療法を行っていましたが，1950年代に精神分析の禁忌を破り，面接室に家族を入れたことから始められました（精神分析では通常，患者以外の人間を入れてはいけません）。

　その他，対象関係論的家族療法として，精神分析的な考え方，対象関係論的な考え方を家族療法の中に導入する立場もあります。家族成員間での力動的相互関係をオープンで透明なものにすること，家族が問題に対処できる能力をつけるといったことが目標とされます。

(2) コミュニケーション（MRI）派家族療法

　ジャクソンらによって，1959年に精神分裂病（今の統合失調症）とその家族を研究するために設立された MRI から始まった家族療法のことで，相互影響アプローチ（The Interactional View）やコミュニケーション・アプローチ（Communication Approach），MRI派家族療法とも呼ばれます。ジャクソンのほか，初期のメンバーとしてヴァージニア・サティア（Satir, V.）やジュールス・リスキン（Riskin, J.）がおり，その後1960年代にワツラウィック，ヘイリー，ジョン・ウィークランド（Weakland, J.）が参加しました。

　ジャクソンは，ハリー・スタック・サリヴァン（Sullivan, H. S.）やフリーダ・フロム＝ライヒマン（Fromm-Reichmann, F.）らの影響を受けており，ワツラウィックはユング派の分析訓練を受けたサイコロジストであり，ウィークランドやヘイリーは文化人類学者であるベイトソンらの影響を受けているなど，MRIでは多様な考え方が飛びかっていました。また，それだけではなく，ルートヴィッヒ・フォン・ベルタランフィ（von Bertalanffy, L.）の一般システム理論から借用したシステム理論，ミルトン・エリクソンの臨床からの影響，ノーバート・ウィーナー（Wiener, N.）のサイバネティックス，ワツラウィックら自身によるコミュニケーションに関する暫定的公理，二重拘束理論（ダブルバインド理論）をはじめとしたベイトソンからの影響などを受けていたことがあげられます。

(3) 構造派家族療法

　サルヴァドール・ミニューチン（Minuchin, S.）によって行われた家族療法のアプローチです。ミニューチンは，アルゼンチンで生まれアメリカに渡航し，ニューヨークやフィラデルフィアのスラム街で臨床を始めました。1965年には，フィラデルフィア児童ガイダンス・クリニック（Philadelphia Child Guidance Clinic: PCGC）で所長を務め，1976年には家族療法トレーニングセンターをその中に設立しました。

　構造派家族療法では，家族成員間の関係性を理解し，その関係性に見られるルールを捉えることを重視しました。たとえば，食事の際に誰が上座に座るか，誰が外部との窓口になっているか，家族構成の年齢や立場などの具体的な情報がそこに含まれます。構造派家族療法では，それらの具体的な情報のほかに，抽象的なものとして「境界線（boundary）」「提携（alignment）」「権力（power）」というものを仮定します。これらがクライエント家族において，どのように機能しているかを査定し，これらの関係性を変化させることで，機能障害を起こしていた部分（問題と呼ばれる部分）を含んだ家族構造そのものの変化を試みます。

(4) 戦略派家族療法

　ヘイリーやクロエ・マダネス（Madanes, C.）によって行われたアプローチのことをいいます。「クライエントやその家族によって治療の場がコントロールされてしまうと，問題行動や症状が維持されてしまう」という考えから，セラピストが治療を成功させるために，治療の場をコントロールすることを目指しました。戦略派家族療法では，以下のような様々な介入技法が用いられました。

1　症状処方：症状処方とは，コミュニケーション派家族療法の「逆説処方」に似ている方法で，クライエントがなくしたいと思っている症状を出すように指示するものです。通常，症状は自分の意思とかかわらず出るから困るのですが，「症状を自分の意思で出す」という形でコントロールすることによって，症状

のパターンを崩します。8章（p.94）で詳しく説明しています。

2　抑制処方：症状処方などで起きた急激な変化を，ペースをゆっくりするように
　　という指示を出すことによって，再発や悪化を防止する方法です。ペースが遅
　　れたり悪化したりすることは，クライエントがコントロールできたこととして
　　認められます。「これまで通りのことを繰り返してもらい，そのパターンにつ
　　いて詳しく報告するように」と伝えます。

3　リフレーミング：現実に対する意味づけは，それぞれの主観によって成り立っ
　　ています。たとえば，意を決して大胆な行動に出た人のことを「無謀なことを
　　する」と意味づける人もいれば，「勇気ある行動」と意味づける人もいるでしょ
　　う。そのもともとなされていた意味づけ（枠組み）を，セラピストが再度意味
　　づけ（再枠づけ）し直すことをリフレーミングと呼びます。7章（p.77）で詳
　　しく説明しています。

4　メタファー：たとえ話を用いて，家族が現在陥っている状況をそれぞれの家族
　　成員に理解してもらう方法です。

5　逆説的介入：症状がよくなることとは矛盾する方向に介入を行う方法です。症状
　　とされる行動をより上手に行うように指示し，それについて報告してもらいます。

(5) 多世代派家族療法

　マレー・ボーエン（Bowen, M.）は，母子に関する仮説（母子共生仮説）を
当初は抱いていましたが，母子だけでなく，父親その他の家族成員に関して
も興味を持ち，統合失調症患者の家族全員を入院させる治療を行っていきま
した。その後，ボーエンは独自の家族療法の理論を築き上げていき，多世代
派家族療法あるいはボーエン派家族療法と呼ばれるようになりました。

　コミュニケーション派や構造派，戦略派，ミラノ派の家族療法は家族史を
扱ってきませんでしたが，多世代派家族療法ではジェノグラム（家族樹形図）
を積極的に用いて「世代」にフォーカスを当てています。

　ボーエンの家族療法の理論では，融合（fusion）という概念と，精神分析
的な立場から発達理論を提唱したマーガレット・マーラー（Mahler, M）によ

る個体化（individualization）という概念が重要視されています。ボーエンは，個人が原家族からの影響を大きく受けていると考え，原家族からの分化ができていない「融合」状態が，その後の人間関係（家族関係）にも影響し，世代間でも伝達されることで症状が形成されると考えました。

　ボーエンの理論は，ジェームズ・フラモ（Framo, J.）やイヴァン・ボゾルメニ＝ナージ（Boszormenyi-Nagy, I.）らにも影響を与えており，ボゾルメニ＝ナージの家族療法は特に「文脈療法」と呼ばれます。ボゾルメニ＝ナージは，クライエントに生じている症状や問題行動は，クライエントの上の世代（祖父母の代など）で受けた否定的な経験が，世代を経て伝達されたものと考えました。それらの症状や問題行動のことは，出納帳に残るツケのように捉えられ，「家族という集団への忠誠心によって，個人の利益が損なわれている状態」と考えました。上の世代のツケを下の世代が払わざるをえなくなっていることを，クライエントやその家族が理解できるよう伝え，彼らがその症状や行動を変えていく可能性を追求しました。

(6) ミラノ派家族療法 / システミック家族療法

　ミラノ派家族療法は，システミック家族療法とも呼ばれ，セルヴィーニ・パラツォーリ（Selvini Palazzoli, M.）が，イタリアのミラノで始めた家族療法研究センターを拠点として始めました。精神科医のジャンフランコ・チェキン（Cecchin, G.）やアッカーマン研究所で学んだ精神科医のルイジ・ボスコロ（Boscolo, L.），MRI で学んだジュリアナ・プラータ（Prata, G.）が合流し，この四人からシステミック家族療法は始まりました。

　初期のミラノ派では「家族ゲーム」という考えが中心的に用いられました。家族ゲームとは，統合失調症患者がいる家族において，家族成員間で互いに優位に立とうとするコミュニケーションが行われており，その患者の発するあらゆるメッセージは無効化され，矛盾するような逆説的メッセージが与えられる関係性のことを指します。

　その後，ベイトソンの著作をヒントにして「仮説化（hypothesizing）」「円

環性（circularity）」「中立性（neutrality）」という三つの指標を提示したことが特徴的です。

1 　仮説化：ミラノ派では，各家族成員の視点からの情報を受け，起きていることを詳しく把握していく中で，パンクチュエーションの打ち方やどのような意味づけがなされているかについて理解をした上で，仮説の設定を行いました。
2 　円環性：すべての行動や考えは円環的につながり合った関係によっていると考え，セラピストと患者（あるいは家族間）が互いに影響を与え合うことによって，家族成員それぞれがこれまでとは異なった捉え方を示しました。
3 　中立性：ミラノ派では，いずれかの家族成員とセラピストが連合関係を結んでしまうことは，治療の成功を妨げると考えられました。よって，できる限りセラピストは中立的な立場にいることを目指し，そこからの観察を目指しました。

　ミラノ派では中立性を重視することから，クライエントやその家族との転移関係を避けるために，男女ペアのセラピスト＋観察室における男女ペアのセラピストチーム＝計４名での面接を行いました。面接はプレセッション，セッション，インターセッション，インターベンション（介入），ポストセッションの五つから構成されています。

1 　プレセッション：予約段階で，原家族の家族構成や職歴，病歴などを含めた多くの情報を集め，それらを用いてチームでのケース検討を行い，仮説を立てます。
2 　セッション：すでに「プレセッション」で生成された仮説に対して検証を行うための質問を行い，仮説設定を確実なものにします。その際，円環的質問法（「○○さんがそう言ったとき，あなたはどうしましたか？」というような相互作用を尋ねる質問法）が使われます。
3 　インターセッション：面接担当のセラピストは，セッションでの仮説設定が確かめられた時点で，「インターセッション」としてチームとの話し合いを行う時間をとります。チームは意見をまとめ，それを伝えます。

4　インターベンション（介入）：仮説に沿った形で，クライエントとその家族の行動等に対して肯定的意味づけを与え（ポジティヴ・コノテーション；p.88 参照），それに従った逆説的介入（これまで行ってきた行動を意識的にさせる）を行います。

5　ポストセッション：セッション後に，「ポストセッション」として，クライエントやその家族に起きる結果を想像することから新たな仮説を立て，次のセッションでどのような反応が起きるかを予測し，対応について考えるなど，次回の準備をします。

　ミラノ派では，家族だけにとどまらず，クライエントやその家族に関わる人たちの影響も含めて考えました。

　ボスコロとチェキンは，ミラノ家族療法センターでトレーニングを中心に行うようになり，別々の道を歩むこととなりました。パラツォーリとプラータは，新家族研究センターで，統合失調症や拒食症に関する研究を継続しましたが，プラータも新たな施設をつくって分裂することになりました。

(7) ソリューション・フォーカスト・アプローチ / ブリーフセラピー

　ソリューション・フォーカスト・アプローチ（SFA）は，インスー・キム・バーグ（Berg, I. K.）とスティーヴ・ド・シェイザー（de Shazer, S.）らによるアプローチで，ミルウォーキーの BFTC（Brief Family Therapy Center）から始められました。

　コミュニケーション派家族療法の特徴が「悪循環を切断する」ことにあるのに対し，SFA では「良循環（好循環）を促進する」ことを特徴としています。問題を掘り下げるのではなく，「どうなったら解決といえるのか」「問題が起きていない『例外』は，どんなときに生じているのか」など，解決や例外に焦点を当て，それら解決のイメージや例外を拡張していくことによって，問題がない（あるいは少ない）状態や，問題があっても気にならない状態を構築していきます。

(8) ナラティヴ・アプローチ

　ナラティヴ・アプローチといっても，人によってその言葉から想像するものは大きく異なります。ここでは，狭義のナラティヴ・アプローチ（ナラティヴ・セラピー）として，マイケル・ホワイト（White, M.）やデイヴィッド・エプストン（Epston, D.）らによるセラピーを紹介し，またアメリカで発展したコラボレイティヴ・アプローチ，ノルウェーで発展したリフレクティング・プロセス，フィンランドで発展したオープンダイアローグをそれぞれ分けて簡単に紹介します。

1　ナラティヴ・セラピー：オーストラリアのホワイトと，ニュージーランドのエプストンらによって行われるようになったアプローチで，外在化などの方法を用います。社会構成主義の観点から，クライエントの考えを支配しているドミナント・ストーリーを，これまで認識されていなかったオルタナティヴ・ストーリーへと紡ぎ直していくことによって，問題中心の人生から，クライエントが人生の主人公として生きていくことをサポートしていくアプローチです。

2　コラボレイティヴ・アプローチ：アメリカのハロルド・グーリシャン（Goolishian, H.）とハーレーン・アンダーソン（Anderson, H.）によって提唱されたアプローチです。セラピストは，無知の姿勢（not knowing）をとり，クライエントこそがクライエント自身の人生の専門家であるという考えのもとに，セラピストはその専門性から脱し，クライエント自身が持つ力を発揮できるようセラピスト－クライエント間の協働を図ります。

3　リフレクティング・プロセス：ノルウェーのトム・アンデルセン（Andersen, T.）によって行われたチーム・アプローチから発展した面接の方法です。チーム・アプローチにおいては，セラピストチームがワンウェイミラーの向こうで話し合っていましたが，その話し合いをクライエントや家族に見せることによって，家族成員間やセラピストとクライエントの間に繰り広げられる相互作用に変化を起こします。

4　オープンダイアローグ：フィンランドのヤーコ・セイックラ（Seikkula, J.）ら

によって行われるようになった家族療法由来のアプローチで，フィンランドの
トルニオ郊外にあるケロプダス病院を中心に行われた地域精神医療の一環と
して始められました。対象は，急性の統合失調症を含むすべての精神疾患や人
間関係を含む心配事です。家族療法のトレーニングを受けた家族療法家 2 名以
上がチームとなり，連絡を受けてから 24 時間以内に患者のもとへ駆けつけ，患
者とその家族，社会的ネットワーク（その患者と関わりのあるソーシャルワー
カー，医師，看護師など）と対話を行います。1 回の対話は 1 時間半ほど行わ
れ，危機が去るまで毎日のように対話が続けられます。

5　未来語りのダイアローグ：オープンダイアローグと同じく，フィンランドで生
まれたアプローチで，トム・エリーク・アーンキル（Arnkil, T. E.）によって始
められたものです。フィンランドのロヴァニエミやヌルミヤルヴィで，教育や
福祉領域における支援者間の協働の方法として用いられています。オープンダ
イアローグと比べて，構造化されていることが特徴的で，支援者たちはファシ
リテーターの声かけによって，もう問題が解消された「未来」へ飛びます。未
来の時点から現在を眺め，その未来に到達するために自分はどんなことを行っ
たか，誰のどんな助けが役に立ったかなどについて，ファシリテーターが質問
していき，最後には現在に戻ってきて具体的な計画を立てていきます。

　さて，本章では家族療法の歴史や，諸派の考え方の概要について触れまし
た。後半の SFA 以降については，11 章，13 章〜 15 章でもう少し詳しくご紹
介しておりますので，そちらもあわせてお読みください。

 より深めるための参考文献

- 中釜洋子（著）『個人療法と家族療法をつなぐ——関係系志向の実践的統合』東京大学出版会 2010 年
- 中釜洋子（著）『《中釜洋子選集》家族支援の一歩——システミックアプローチと統合的心理療法』遠見書房　2021 年

11章

ソリューション・フォーカスト・アプローチ

　何か困ったことがあったときに，多くの人たちは「何が問題なんだ？」という視点に立つのではないでしょうか。ワイドショーを見ていると，事件があるたびに，原因はどこにあるのかという視点に多くの時間を割いていることに気づくと思います。ソリューション・フォーカスト・アプローチ（SFA）は，その視点が，問題解決に本当に役に立つのかということに対して疑問を投げかけています。

　本章では，第二世代の家族療法とも呼ばれる SFA についてご紹介したいと思います。SFA は，「解決志向ブリーフセラピー（Solution-Focused Brief Therapy: SFBT）」や単に「ブリーフセラピー（Brief Therapy; 短期療法）」とも呼ばれています。

　SFA は，ミルウォーキーに設置された BFTC（Brief Family Therapy Center）において，インスー・キム・バーグ（Berg, I. K.）やスティーヴ・ド・シェイザー（de Shazer, S.）によって始められました。家族療法と同じく，催眠療法家ミルトン・エリクソン（Erickson, M. H.）の臨床を参考につくられています。彼らは膨大なカウンセリングの映像をチームで観察する中で，問題の原因究明は必ずしも解決に必要ないこと，解決に焦点を当てることが有益であることを発見し，それが現在の SFA の原型になっています。具体的には，次のような基本的な考え方をベースにセラピーが行われています。

- 変化は絶えず起こっており必然である
- 小さな変化が大きな変化を生み出す
- 解決について知る方が，問題や原因を把握するより有益である
- すべてのクライエントは自分をより良くするリソース（資源）を持っており，自身の人生の専門家である

　言葉にすると少しイメージがしにくいかもしれません。でも，実はとてもシンプルなことです。たとえば，タバコをやめたい場合，従来の多くのアプローチはタバコをやめられない理由や原因を探すことに力を入れてきました。SFA は，そういった原因究明にエネルギーを割くのではなく，それよりも，「どんなときに吸わずにいられているのか」，「吸わなくなったら生活はどう変わるのか」，「吸わないために有効な方法は過去の体験にないのか」，「吸わない助けになるものには何があるのか」などといった解決構築の会話こそがタバコを吸わなくなることに効果的だと主張しているのです。
　その背景に，クライエントが問題を解決する力があると信じ，過去の経験から小さな成功やリソースを探します。また，クライエントの語りに丁寧に耳を傾けることで，解決に近い経験や一時的に解決したエピソードを尋ねます。そして，問題解決へのリソースや問題の例外をクライエントと共同で拡大することを目指していきます。

1. セントラルフィロソフィー

　まず，SFA を考える上で大切になるのが以下の三つの中心哲学（セントラルフィロソフィー）です。

うまくいっているのなら，直そうとするな
うまくいったら，それを繰り返せ
うまくいかないのなら，何か違うことをせよ

とても当たり前のように聞こえるかもしれませんが，実はこの三つの中心哲学を守るには，かなり意識することが必要です。具体的に事例を交えて紹介したいと思います。

事例1：息子の不登校

ある母親は小学校4年生の息子の不登校で悩んでいました。毎日激しく登校刺激を繰り返しても一向に解決に結びつきませんでした。ごくたまに彼が興味のある学校の行事に登校するのみでした。母親としてはそのことも許せずに，「将来のためには，楽しいことばかりやっていてもダメなのよ」と学校に行こうとする息子をたしなめている状況でした。

よくある不登校の事例かもしれません。中心哲学に沿って見ていきたいと思います。

うまくいっているのなら，直そうとするな

事例で示した通り，登校することをゴールに置いた場合（実際の不登校のケースは登校することがゴールとは限りませんが），彼が好きな行事には参加していることが「うまくいっていること」です。でも，渦中でこのことに気づくのは実はかなり難しいことです。時には，「好きなことだけしている」と捉えてしまい，「うまくいっていない」と考えられることもあります。

うまくいかないのなら，何か違うことをせよ

好きな行事には参加していることを「うまくいっていること」と考えた場合でも，そこから何らかの発展が見られなかった場合は，別の「うまくいっていること」を探します（あくまで事例なので，発展がなかったとしますが，

125

実際には丁寧に探ることによって出てくる場合が多くあります）。

　現在行われているアプローチは登校刺激です。中心哲学に則るのであれば，やめて違うことをする必要があります。でも，多くの人たちは登校刺激をやめてしまうと不登校を許容したことになってさらに悪化してしまうと考えがちです。解決のために努力していることをやめるということは，実はとても難しいことなのです。ただ，現在の登校刺激がうまくいっていないということを冷静に受け止めなければなりません。そして，何か違う試みが必要になります。

うまくいったら，それを繰り返せ

　当事者では気づくことすら難しい，「うまくいっていること」を繰り返すということはさらに難しいことです。この事例では，たとえ気づいたとしても，学校の行事をすべて彼の好きなものに変更することは現実的に不可能です。ただ，学校の好きな行事に行くということをヒントに，彼が学校に行く動機づけになるものを探すことはできるかもしれません。また，会話を広げていくことで，うまくいっていること，うまくいくためのリソースが見つかるかもしれません。そしてその手がかりからできることが見つかり，効果があれば，それを繰り返せばよいのです。

2.　ウェルフォームド・ゴールを形成する

　SFA では，言葉の通り解決ということに焦点を当てます。つまり，クライエントが何を望み，どうなりたいのかを明確にすることを重要視します。不安や葛藤の中にいるクライエントは通常「不安を消したい」「うつ病を治したい」など，問題の消去をゴールと捉えている場合が多いのですが，SFA では，問題が解決したときに生活の中で何が違ってくるのかについて関心を示します。つまり，クライエントは現状と何が違えば解決したと感じるのか，現状と何が違えばカウンセリングを必要としないのか，さらには現状と何が違え

ば幸福感や満足感を得られるのかに関心を示し続けます。

　また，同時にそれはクライエントが重要と認識するものでなければ意味がありません。そういう意味でも，あくまで主役はクライエントの希望や望みになるわけです。当然，ゴールはクライエントとセラピストで共有されます。ただ，クライエントは困難な状況で希望を見つけることが難しい状況にある人も多く，また言語化することも簡単ではありません。だからこそ，カウンセリングの中でセラピストと協働しながらゴールを構築していくのです。

❖ ミラクルクエスチョン

　前述したようにウェルフォームド・ゴールを形成したいと考えても，クライエントは苦しみの中にいる場合が多く，さらに過去の失敗体験などからよくなることが想像できないことが多くあります。そこで，一つの方法としてミラクルクエスチョンがあります。

　「今晩あなたが眠っている間に，奇跡が起こったと想像してください。奇跡とはあなたが抱えている問題がすべて解決してしまうというものです。ただ，あなたは，眠っていたので問題が解決していることに気がつきません。明日の朝，どのような違いがあることで，奇跡が起こって問題が解決したことがわかるでしょうか」(De Jong & Kim Berg, 2012/ 桐田ら訳, 2016)

　少しイメージしにくいかもしれません。ミラクルクエスチョンはどう導入するかも大切ですし，創始者のインスー・キム・バーグが指摘しているよう

に，この質問はしたら終わりということではなく，この質問を切り口にクライエントと一緒に解決を構築していきます。

> Th：今から少しだけ変わった質問をさせていただきますね。今日カウンセリングを終えて，帰ったら眠りにつきます。眠っている間に，奇跡が起きます。タバコをやめたいというあなたの望みが叶った奇跡です。ただ，あなたは眠っていたので問題が解決していることに気づきません。明日の朝，どのような違いがあることで，奇跡が起きてタバコをやめられたとわかるでしょうか。
>
> CI：難しいですね。朝起きたとき，いつもよりも不安が少ないかもしれません。いつも不安でまずタバコを吸っていたので。
>
> Th：誰かそのことに気づく人はいますか？
>
> CI：妻が気づくかもしれません。「あれ？　顔色がいいね」と。
>
> Th：その後仕事に行きますよね？
>
> CI：そうですね。職場の同僚は私がヘビースモーカーで何かと喫煙所に行っていたので，びっくりするかもしれません。これは楽観的かもしれませんが，嫌味な上司がいつもより仕事が進んでいることを指摘してくるかもしれません。
>
> Th：嫌味で？（笑）
>
> CI：どうですかね。素直な人じゃないので，「いつまで続くかな」とか言われそうですね。
>
> Th：それ以外に何か違いはあります？
>
> CI：同僚と食事に行くと思います。いつも少ないお小遣いでタバコを買っていたので，お昼はカロリーメイトとかだったんですよ。たぶん，同僚を誘って最近できた評判がいいカレー屋に行くと思います。
>
> Th：同僚の反応は？
>
> CI：びっくりしそうですね。いつも誘っても断るくせにと嫌味を言われるかも。でも仕事の話をゆっくりできそうです。

どうですか？　少しイメージができましたか？　ミラクルクエスチョンを
きっかけに，クライエントの解決のイメージが明確に見えてきたと思います。
もちろん，こんなにうまくいかないことも少なくありません。クライエント
の中には，奇跡を語ることが怖いと思う人もいますし，想像できない人もい
ます。ただ，それでも熱心にクライエントの声に耳を傾け続けることで，徐々
に彼らの望む奇跡が見えてきます。

3.　悪かったことではなく，よかった「例外」に光を当てる

多くの場合，カウンセリングに来たクライエントは，問題について語りが
ちです。そして，問題行動の原因や理由を探すことに時間とエネルギーを割
きます。一方で，問題行動が起きなかったときのことは，偶然だと片づけ，話
題にすら上らないことがあります。

SFA では，例外に焦点を当てます。例外とは，予期していた問題行動が起
きなかったときのこと，また問題行動の程度が予期するより低かったときの
ことを指します。たとえば，夜眠れないという不眠を主訴としている場合，眠
れなかったときのことではなく，眠れたときのことや，いつもより早く眠れ
たときのことに焦点を当て，そこから解決に役立つリソースを探します。例
外は，もしかしたら恋人と仲良く話せた日やランニングをした後かもしれま
せん。もしかしたら，単純に昼寝をしなかった日かもしれません。もしかし
たら，夕方以降誰とも話をしなかった日という意外なことかもしません。

インスー・キム・バーグは，前述したミラクルクエスチョンをした後に例
外探しをすることで，ごく自然に会話が進んで例外探しがスムーズになると
しています。つまり，問題について考えている中では，例外には目が向きに
くいわけですが，ミラクルクエスチョンをすることで問題から奇跡に目が向
き，奇跡と関係の深い例外に気づきやすくなるようです。

いつもは「悪いパターン」に注目しがちだが,「良いパターン」に
ライト(光)を当てて解決に役立つリソースを探す

Th：先ほど奇跡のお話を伺いましたが,それに少しでも近かったことって最近
　　ありましたか?

CI：いや,さすがにないですね。

Th：本当に小さなことでもいいんですよ。少し考えてみてもらえませんか。

CI：そういえば,先週の週末の朝は不安からタバコを吸わなかったですね。

Th：その日は何が違ったんですか?

CI：ん〜,何ですかね。たしか,前日職場の仲間とランニングに行ったんです
　　よ。そのせいか前日ぐっすり眠れて,朝すっきりしていたんですよ。習慣
　　でタバコを手に取ったんですが,何とか吸わないでいられました。

Th：どうやって吸わないでいることができたんですか?

CI：眠れていたから心に余裕があったのもあるかもしれません。

Th：他には？

Cl：そうですね。今回カウンセリングを受けようと思ったのは妻が妊娠して，子どものためって妻に言われたからなんですよ。そのときは妻の顔を見て，俺も親父になるんだなと思ったら負けていられないなと思ったんですよ。

Th：生まれる前からもう父親をしてるんですね。

Cl：かもしれませんね（笑）。せっかちな性分で。

　ミラクルクエスチョンから，丁寧にセラピストがクライエントの奇跡を拡大していく様子を多少感じてもらえたでしょうか。前日運動することがプラスになるということ，禁煙の結果，上司に褒められ，同僚との関係が円滑に進むこと，さらには父親としての思いが禁煙への試みを助け始めているという事実など，たくさんのリソースがクライエントの口から語られたのがわかると思います。

　実際のカウンセリングの場面では，こうして出てきたリソースをより拡大していきます。

4. 「どのような質問をするか」が解決を構築する

　セラピストが何に関心を持ち，どのように質問するのかによってセラピーの場の会話が当然変わります。セラピストが問題志向であった場合，セラピーの場は問題を語られる場になります。逆にセラピストが解決志向であった場合，クライエントの状態にもよりますが，徐々にその場は解決構築の会話の場に変わります。そのためのツールが，ミラクルクエスチョンであり，例外探しになります。これ以外にも SFA が持つ強力な質問をご紹介します。ただ，留意してほしいのはこれを単純な技法として単体で考えるのではなく，その背景にある人間観や理論的背景を理解した上でないと効果的ではないということです。

(1) スターティングクエスチョン

「今日ここでどんな話ができたら，帰りにカウンセリングに来てよかったと思えそうですか」

カウンセリングの初期に尋ねるこの質問は，クライエントのカウンセリングに対する期待や希望を尋ねることで，プロブレムトーク（問題や原因を追究する会話）から，ソリューショントーク（解決を追究する会話）への移行を安易にしてくれる質問です。経験的に，主訴を語った後でこの質問をすると，主訴とは全く関係のないクライエントの解決が語られることもあり，とても重要な質問といえます。

解決の糸口が見つかることもある
重要なスターティングクエスチョン

(2) スケーリングクエスチョン

「最悪な状態が 0 で，○○（クライエントと話したゴールなど）が 10 だとしたら，今は何ですか？」
「それが 0 ではなく，○○なのは，何が違うからですか？」
「もしプラス 1 つけられるとしたら，今と何が違いますか？」

　クライエントの現状の見解，印象，予想などを 0 から 10 の尺度で示しても
らいます。たとえば，日々の不安を抱えるクライエントに最悪を 0，もうカ
ウンセリングが必要ない状態を 10 としたときに，今いくつかをつけてもらい
ます。ここで大切なのはその数ではありません。たとえば，3 をつけた場合，
その人は 0 ではないというところに着目して，何が違ったから 0 ではなく，3
と答えたのかを尋ねます。そして，たとえば次回の面接でプラス 1 の 4 と答
えたとすると，今と何が違っているかを尋ねます。つまり，うまくっている
ところ，さらにうまくいくとは何なのかを間接的に尋ねて，クライエントに
考えたりイメージしたりすることを促しているのです。

(3) コーピングクエスチョン

　「今まで対処された方法で少しでも役に立ったことは何ですか？」
　「今の悩みを解決するために，今までどんなことをしてきましたか？」
　「どうやってこの大変な状況で，カウンセリングに来ようと思って行動できた
んですか？」

　どんなクライエントも，自身の問題や悩みに対して何かしらの対処行動を
とってきています。そこに目を向けて，丁寧に話を聞くことで，クライエン
トの問題へ対処してきた努力の歴史を見つけます。そうすることでクライエ
ントを勇気づけることができるかもしれません。また，もしかしたら実際に
過去に成功したリソースが見つかることもあるかもしれません。さらに，今
の状態がもしかしたら回復過程であるということに気づく場合すらありえま
す。コーピングクエスチョンは，問題に対して無力であるというクライエン
トの視点から解放を促して，解決構築へ会話をシフトしていく一つのきっか
けをつくってくれるのです。

　　Th：前回のカウンセリングから 1 週間経ちましたが，今日どんな話ができたら
　　　　少し楽な気持ちで帰れそうですか？【スターティングクエスチョン】

CI：前回からいろいろ考えたことが少しでも整理できたら，今日カウンセリングに来た意味があると思います。

Th：どんなことが整理できたら？

CI：前回少し話をして，うまくいっていることもあるんだなと思ったんです。でも，やっぱりタバコをやめられない自分もいて落ち込んでしまった。なんか，うまくいっているのかどうかすごく不安になってしまって。

Th：一番タバコを吸っていたときが0だとして，禁煙した状態が10だとしたら，今どれぐらいだと感じていますか？　直感でもいいので。【スケーリングクエスチョン】

CI：3ってところですかね。

Th：0じゃなくて，3なのは，何が進んでいるんですか？

CI：この前話したみたいに，たしかに朝不安に負けずタバコを我慢できる日が少し出てきたんです。運動することを意識したら，意外とスッと寝れて。でも，前日に仕事で嫌なことがあったりした後は，朝もそれを引きずってタバコを吸っちゃうんですよ。

Th：たとえば，来週お越しの際に，プラス1の4をつけられるとしたら，どうなっていたら4をつけられそうです？

CI：1週間だと，2日に1回朝タバコを我慢できたら4になると思います。

Th：ちなみに話が少し変わるんですけど，今まで強い欲求を我慢したりするとき，どうやって対処されてきたんですか？　たとえば，ほしいものがあるときとか。【コーピングクエスチョン】

CI：お恥ずかしい話ですが，人に頼ってることが多いんですよね。ほしいものができたときとか，誰かに「これって本当に必要かなぁ？」と尋ねるとか。意外と，周りが止めてくれたら我慢できたりもするんです。物欲も結構ある方で，独身のときはあるだけお金を使っていたんですけど，妻と相談してお小遣い制にしたんですよ。そしたら当たり前ですけど，無駄遣いできないじゃないですか。

Th：人を巻き込むとうまくいくんですね。

CI：たしかに。よく考えたら，妻に協力してもらえたら朝タバコを我慢できる
　　かもしれません。

Th：いいアイデアですね。具体的に，奥様にどんなことを頼んだり話したりし
　　たらうまくいきますかね？

　架空の事例ということもあり強引に三つの質問を入れてみましたが，イ
メージができたでしょうか。いずれの質問も，その根底に流れる思想は，ク
ライエントとともに解決構築をしていくというものです。そのために，技法
ありきではなく，結果としてそれらの質問に行き着くということを理解して
もらえると，より SFA の理解が深まると思います。

5. SFA を「解決強要アプローチ」にしない

　SFA（Solution-Focused Approach）は，解決強要アプローチ（Solution-Forced
Approach）と揶揄されることがあります。個人的には，全く的外れだと感じ
ています。おそらく，理論的背景を理解せず，技法だけを学び，使おうとし
たり，ウェルフォームド・ゴールをセラピストが勝手に決めて，そこに向け
て推し進めていたのなら，結果として，解決強要アプローチと揶揄されるこ
とになると思います。

　ただ，クライエント自身が持つ解決に敬意を持って丁寧に耳を傾け，それ
を一緒につくり上げていく姿勢を持つこと。そして，クライエントの持つリ
ソースを信じて，それを拡大していくことができるのなら，解決強要アプロー
チと揶揄されることはないと思います。

　最後に，あくまで本書では SFA の概要をお伝えしたにすぎません。少しで
も興味を持った方は，ぜひ章末に紹介する本を読んでみることをおすすめし
ます。

より深めるための参考文献

より深く理解したい方は，少し難解ですが，創始者たちの初期の本に触れることを強く
おすすめします。

- スティーヴ・ド・シェイザー（著）長谷川啓三（訳）『解決志向の言語学──言葉はもともと魔法だった』法政大学出版局　2000 年〔De Shazer, S. (1994). *Words were originally magic.* W. W. Norton & Company.〕
- ピーター・ディヤング，インスー・キム・バーグ（著）桐田弘江・玉真慎子・住谷祐子（訳）『解決のための面接技法［第 4 版］──ソリューション・フォーカストアプローチの手引き』金剛出版　2016 年〔De Jong, P., & Kim Berg, I. (2012). *Interviewing for solutions* (4th ed.). Brooks/Cole Publishing.〕

SFA を子育てに活用した本です。子育てに限らず，別の視点で SFA を理解するという点でもとても役に立つと思います。

- ベン・ファーマン（著）佐俣友佳子（訳）『フィンランド式　キッズスキル──親子で楽しく問題解決！』ダイヤモンド社　2008 年〔Furman, B. (2003). *Kids' skills.* Tammi.〕

DV 加害者のための SFA の本ですが，とてもわかりやすいため SFA を別の角度から理解できて，より理解が深まると思います。とてもおすすめです。

- モー・イー・リー，ジョン・シーボルト，エイドリアナ・ウーケン（著）玉真慎子・住谷祐子（訳）『DV 加害者が変わる──解決志向グループセラピー実践マニュアル』金剛出版　2012 年〔Lee, M. Y., Sebold, J., & Uken, A. (2003). *Solution-focused treatment of domestic violence offenders: Accountability for change.* Oxford University Press.〕

- 森　俊夫・黒沢幸子（著）『森・黒沢のワークショップで学ぶ 解決志向ブリーフセラピー』ほんの森出版　2002 年
- 坂本真佐哉・黒沢幸子（編）『不登校・ひきこもりに効くブリーフセラピー』日本評論社　2016 年
- 若島孔文（著）『ブリーフセラピー講義──太陽の法則が照らすクライアントの「輝く側面」』金剛出版　2011 年
- 若島孔文・長谷川啓三（著）『新版 よくわかる！ 短期療法ガイドブック』金剛出版　2018 年
- 若島孔文（著）『短期療法実戦のためのヒント 47──心理療法のプラグマティズム』遠見書房　2019 年

12章

カップルカウンセリング

1. はじめに

　「妻は我慢するもの」という，従来の呪縛から，フェミニストなど多くの人たちの努力で女性の価値観は徐々に変化しているように感じます。それに伴って，親世代の夫婦関係をモデルにしていると関係が破綻してしまう場合すら出てきました。

　現代の夫婦は，どちらか一方が我慢するのではなく，両方にとってよい夫婦関係を構築しないと離婚になってしまうこともあると言い換えても過言ではないと思います。

　その中で，夫婦の考え方の違いなどで葛藤が生じ，妻が夫を連れてカップルカウンセリングに来るという状況が年々顕著になっているように現場の肌感として感じます。

　さらに今後，よりニーズが高まると思われるカップルカウンセリングですが，日本では未だに学習の機会も少なく，どうしたらよいのかわからないという声をよく耳にします。この章では，家族療法によるカップルカウンセリングについて事例を中心に解説していきます。

2.　カップルカウンセリングの留意点

　カップルカウンセリング特有の留意すべき点を紹介します。

(1)　モチベーションの違い

　まず初めに，カップルのモチベーションの違いがあります。理想としては，二人ともが同じように問題を解決したいと思っていることですが，現実にはそれは稀なケースだと思います。実際には，しぶしぶ片方が連れて来られた場合が多く，その場合はモチベーションの違いを意識しながら，カップルにジョイニングをしていく必要があります。セラピストは夫婦のモチベーションの違いを考慮しながらカウンセリングをしていかないと，一方が「もう行きたくない」と言って中断になってしまう場合があります。

(2)　利害の違い

　カップルはモチベーションだけでなく，利害が違う場合も当然あります。た

夫婦の利害の違いをしっかり理解しながら進める必要がある

とえば，一方が離婚したい，もう一方が関係を立て直したいと思っている場合もあります。セラピストがそのことをしっかり理解しながら進めていかないと，双方がセラピストを代弁者に仕立て，自分の主張の正当性を代弁させる場になってしまう可能性があります。逆に，中立性を徹底していくことで，どちらにとっても「理解してくれない，聞くだけの人」と判断されてセラピストとの関係性が損なわれてしまう場合もあり，そのバランスを考慮しなければいけません。

(3) 共通のゴールの難しさ

モチベーションも違う，利害も違う二人が同じ場でカウンセリングを受ける。その場合，その場が何のための場なのか，何を目指しているのかをセラピストはクライエントと相談しながら明確にしていくことが個人のカウンセリング以上に大切で，かつ難しくなります。それはたとえば，「離婚するか継続するかをお互い納得ができるように話し合う場」となることもあるかもしれませんし，「不倫で受けた傷を癒し，今後の再発防止を一緒に考える場」になることもあります。大切なのは，夫婦がそのゴールを共有することであり，

目指すゴールを共有する

そのために話し合う環境をセラピストがクライエントと協働しながらつくれるかどうかが鍵になります。

(4) 共感の難しさ

　次に，共感の難しさがあげられます。より厳密にいうと，「共感的な声かけ」が夫婦カウンセリングにおいては，難しくなります。たとえば不倫をしていることを一方が，「好きになったのだからしかたない。自分でもどうしようもなかったんです」と発言したとする。それに対して，「どうしようもなかったんですね」とセラピストが共感的に声をかけることが，不倫をされた側からすると，不倫を肯定しているように聞こえることがあります。ここまで極端ではないにせよ，カップルはお互いに立場が違うため，一方が言っていることを肯定するような声かけを安易にすることが，もう一方を傷つけたり否定したりする流れになりやすく，個人カウンセリングとは違ったクライエントの言葉の受け止め方が求められてきます。

(5) 裏腹の言葉の扱い方

　コンテンツ（内容）とコンテクスト（文脈）という言葉は，家族療法を学んでいるとよく目にすると思います。たとえば，相手のことを「嫌い」と言うことには，コンテンツとしては，そのまま字義通りの意味があります。しかしコンテクストによって相手にどう伝わるかが変わってきます。通常は拒絶の意味や，否定になりますが，愛し合っている恋人が，よい雰囲気の中で言えばそれは愛の言葉にもなります。

　さらにカップルカウンセリングでは，コンテンツもコンテクストも相手のことを嫌いと伝えているのにもかかわらず，本音は好きということもありえるのです。たとえば，傷つくのが不安で，相手を好きと言えない。だから何かあると自分の気持ちを守るために安易に嫌いと伝えてしまう。それがカウンセリングの場で再現されたときに，それをセラピストがどう受け止めるかが重要になってきます。セラピストが言葉通りに受け取って安易に進めるこ

とにも，相手の言いたいことを邪推して進めることにも危険性があります。

(6) 性の問題をどう扱うか

　カップルの問題を扱うと必然的に性の問題を扱うことになるといっても大袈裟ではないと思います。実際，カップルカウンセリングの場では，セックスの問題を扱うことは珍しいどころか，主要なテーマです。そこで，セラピスト側が性の問題を過度に意識しすぎないという点，そして矛盾するようですがデリケートな問題であるため配慮しながら扱うことができるという点がとても重要になります。

　たとえば，セラピスト側が過度に性の話をすることに抵抗があり，その話題が出てきたときに，詳しく聞くことができなかったり，無意識に避けることがないように気をつけるべきでしょう。一方，他の話題と同列に扱いすぎて配慮をせずにいると，「夫には風俗に行ってセックスを習ってきてほしいです」や「妻のことは女性として見られないんです」といった，言われた側が傷つく発言を引き出してしまうこともあります。もちろん，主訴を聞いていく中で，どうしてもそういった言葉が出ることは避けられませんし，避けるべきでない場合もあります。ただ，セラピストがつくってしまう意図しない不本意な流れが，一方を傷つけることになる可能性があり，性の話は特にそれが顕著だということは留意すべき点です。

　以上，六つあげましたが，実はこれらは家族合同のカウンセリングでも同じように当てはまることでもありますし，個人カウンセリングでも同様に意識すべきことでもあります。ただ，カップルの問題ではより顕著に意識すべきことと考えてもらえればと思います。また，ここではいくつかの項目で「〇〇した方がよい」という内容には触れていません。それに関しては，必ずしもこうすべきということではなく，その時々の状況によって変わってくるからです。その判断までは本書では言及できませんが，勉強会やワークショップ，またはスーパーヴィジョンを通して学んでいってもらえればと思います。

3.　事例からカップルカウンセリングを学ぶ

> **事例1：システムズ・アプローチを軸に関わった事例**
>
> 　Hさん夫妻は，夫48歳，妻41歳の二人暮らしです。お見合いで出会い，交際半年で入籍。現在結婚3年になりましたが，ケンカが絶えないと来所しました。夫は，妻の気持ちを理解し，態度を改善するつもりはあるが，責められると頭が真っ白になって黙ってしまう，もっと妻に寄り添った言葉をかけてあげたいが，どうすればよいかわからない，と語りました。一方，妻は，夫は人間らしい思いやりの気持ちがない人で，いかに自分を蔑ろにしてきたかを語りました。

以下，会話を抜粋します。

　　夫：僕としては，妻のことを大切に思ってはいるんですが。
　　妻：この人はいつも気持ちのこもっていない，こういうことを言うんです。でも，実際行動は逆なんです。私が仕事で嫌なことがあって泣いていても，普通に横で寝ちゃうんですよ。人として大切な何かが欠落していると思うんです。
　　夫：……
　　妻：いつもこんな感じなんです。思いやりの心があればもっと言えることがあると思うんです。でもこの人は自分が可愛いんですよ。私の気持ちよりも自分の気持ちを大切にする。

どういうコミュニケーションの流れか見えてきましたか？
ここで留意しなければならないのは，妻が不満を言う背景，そして夫が黙

り込む背景に，いろいろなことがあるということです。それは夫婦の歴史かもしれませんし，幼少期の体験かもしれません。いずれにしても，どちらが悪いという判断をするのではなく，ここでどういうシステムが動いているのかを見ていきます。

Th：奥様は，ご主人にもっと自分のことを考えてほしい，寂しいんだという気持ちがあるんですか？

妻：そうです。私は結婚してからずっと寂しかった。もっと温かい家庭を想像していたんです。

Th：その中で，ご主人が黙ってしまうと，余計寂しい？

妻：そうですね。やっぱり私のことを考えていないと思ってしまうんです。

Th：ご主人は，こうやってカウンセリングに来て何とかしたいと思っているぐらい奥様を大切に思う気持ちはあるものの，言葉が出てこない？

夫：はい。妻を安心させたいと思うと余計頭が真っ白になってしまう。

Th：そうなると奥様はもっと寂しくなるから，余計に頭が真っ白に。

夫：はい。もう情けないんですけど。

Th：この悪循環をどう止めるか。すごく難しいですよね。

夫：はい。頭ではわかっているんですが。

Th：今日，最初にご主人が「何とかしたい」とお話しになりましたが，この悪循環を断ち切るために，寂しいと思っている奥様に何かしてあげられることはあります？

夫：すみません。思いつきません。

妻：こういう人なんですよ。

Th：この流れを断ち切りたいですね。ゆっくりでいいので一緒に考えましょう。

夫：何をしてもダメな気がして。

妻：そうやってすぐ諦める。だからダメなんですよ。

Th：奥様は今まで少しでも寂しさがマシになるご主人の行動がありましたか？

妻：食事に誘ってくれたり, 何でも主人からの誘いはうれしいですよ。結婚し
　　てからそういうこと一度もないですし。

夫：正直, 私から誘われたら妻は嫌だろうと思ってました。寂しいと感じてい
　　たことも理解できてなくて。自分から誘うことは多少できるかもしれませ
　　ん。

　まずセラピストは, イラストにあるような悪循環を断ち切るために動きま
した。断ち切るために, まずフレームを変えることを考えました。不満を「寂
しさ」というフレームに変えました。多くの人が, あなたが悪いと言われる
よりも, 寂しいと言われた方が受け取りやすくなります。その上で, 悪循環
を共有しながら, それを断ち切る方法を夫に尋ねました。ただ, このときは

悪循環のシステムを理解しその背景を探る

時期尚早だったのか不発に終わり，また悪循環のパターンに戻りかけます。それをあらためて，妻に過去のリソースを尋ねました。そこから，「何でも主人からの誘いはうれしい」とびっくりするぐらい素直でシンプルな回答が得られました。結果，夫もそれは受け取ることができ，カウンセリングの場で悪循環を一度断ち切ることに成功しました。

　実際のケースでは，このままカウンセリングを終えても，夫が実行できるかは難しいと感じる場合があります。そのときは，誘うことの難しさを共有した上で，どうすればハードルが下がるかを，夫と相談することもあります。

　1か月後，妻は「やっぱりこの人ダメです。先生に言われたことを全く理解していません」と一通り文句を言った後，セラピストの「少しは寂しさが紛れることありましたか」の質問に，ランチに誘ってもらえてうれしかったことを皮肉を含めつつも話してくれました。そこをセラピストは拡大する流れをつくっていきました。すると，自分の行動は妻を喜ばせることができるという自信が，徐々に夫に生まれてきたようです。カウンセリングを数回するうちに妻の不満がぱつりとやみ，ケースは終結に向かいました。

事例2：ソリューション・フォーカスト・アプローチ（SFA）を軸に関わった事例

　Iさん夫妻は，夫婦ともに30歳。大学時代から交際して，現在結婚4年目になります。基本的に仲が良い二人ですが，結婚前からセックスがなくなり，子どもが欲しいと妻が思うことをきっかけに二人で話すも改善策が見つからず来所しました。妻としてはいつでも応じられるが，夫は理由がわからないがセックスをしたいという感情がどうしても湧き上がってこず，ずっと一人で悩んでいたとのことでした。

まず，ゴールを明確にするために質問をしておきました。

　　Th：どんな変化があればカウンセリングがもう必要ない状態といえそうです
　　　　か？
　　夫：セックスが改善したらと思っています。やっぱり早く子どもが欲しいので。
　　妻：私も同じです。友達に子どもができて正直焦りもあります。

　明確なゴールのようですが，実はまだゴールとして不十分です。そのため，
さらに質問をすることで明確化していきます。

　　Th：セックスレスの改善と妊娠出産は今の時代セットとはいえないと思うん
　　　　です。極端な話セックスがなくても，医療の力で子どもを産むことも可能
　　　　ですよね。スキンシップとしてのセックスと，生殖としてのセックス。ど
　　　　こを目的にしたらいいですかね。
　　妻：私は夫には話していなかったんですが，レディースクリニックに不妊治療
　　　　のことを聞きに行ったんです。検査もして，異常はなかったんですが，そ
　　　　れをきっかけにいろいろ考えました。先ほども言いましたように焦りもあ
　　　　るんです。でも，それ以上に今はスキンシップとしてのセックスを取り戻
　　　　したいんです。
　　夫：（驚いた様子で）妻の気持ちを正直勘違いしていました。僕は子どもさえ
　　　　いればいいんだと。スキンシップとして求められているとは思っていなく
　　　　て。僕としても同じです。妻とスキンシップとしてセックスがあった方が
　　　　いいと思うんです。できていないのにと思われるかもしれませんが。その
　　　　流れで，子どもも授かれば。
　　Th：なるほど。では，子どもは一旦置いておいて，純粋にスキンシップとして
　　　　のセックスがうまくいくために，この場で話していけたらいいですね。
　　夫＆妻：はい。

　ここでカウンセリングの一旦のゴールが共有されました。ただ，実はこれ
でもまだ抽象的です。セックスという言葉も，二人ともが同じものを想像し

ていると勝手にこちらが決めつけてはいけません。よくあるすれ違いですが，男性は挿入，射精までをセックスと捉えているのに対して，女性は過程が満たされていればそこまでを求めていない場合もあります。ただ，このケースでは，そこまで踏み込まず，一旦解決にフォーカスをしていきました。

> 妻：これも夫を傷つけるので言いたくなかったんですが，夫は性に対して嫌悪感があるのではと思っています。義母はすごく厳しい人で，夫の話を聞くとかなり制限されて育ってきているようで。
>
> 夫：よくわからないです。逆に僕は自分の発達障害を疑ってきました。人よりも音に敏感とか，空気を読めないような気がするんです。職場でも周りが何を考えているのかよくわからず，しんどいときがあるんです。

　まずは二人の考えている原因や不安をじっくり聞きました。その後，解決にフォーカスしていきました。

> Th：ところで，セックスがあったときと，なくなったときで何か違うことがあったんですか？
>
> 夫：仕事が忙しくなった時期と重なります。正直，夜いつも疲れていてそれどころではないというか。
>
> 妻：たしかにあの頃は本当に忙しかったと思います。夜テレビを見ながらふと横を見ると寝ていることも多くて。でも，今はあの頃ほどじゃないんですよ。
>
> Th：仕事が落ち着いてきて，何か変わったことあるんですか？
>
> 夫：たしかにあの頃と違って，今は疲れとかではないと思うんです。なんていうか，さっき誤解だと初めて気づいたんですが，妻は僕とのセックスがもう嫌になっているんじゃないかと思ってたんです。夜に不機嫌になることも多かったですし，一度近づくと離れられたことがあって。
>
> 妻：全然意識してなかったです。ただ，なんで求めてくれないの？　と思って

　　多少モヤモヤしていたのはあったと思います。拒否したつもりは一切ない
　　んですけど。

Th：今，こうして誤解が解けたことで，何か変化はありますか？

夫：わかりません。気持ちは正直楽になりました。でも，だから絶対大丈夫と
　　いう自信までは。

Th：では，今後何があれば少しハードルが下がりそうですか。

夫：難しいですね。でも，家では無理かも。なんか，照れ臭いというか。正直
　　どのタイミングで誘ったらいいかもわからないんですよ。それが，たぶん
　　ですけどホテルとかだったら大丈夫な気がします。そこまでいったら覚悟
　　も決まりますしね（笑）

Th：奥様はどう思います？

妻：夫が可能性があるというのならそれを信じてみたいです。

Th：お二人の時間が長いので，奥様も夫婦としての自分たちのことをよくご存
　　じだと思うんです。そこでお尋ねしますが，もう少しこんなことがあれば
　　この話がよりスムーズにいくと思うことは何かありますか？

妻：私たちこういう話，苦手なんですよ。今日ここまで来るのもなかなか大変
　　で。だから，今日ホテルへ行く日程まで決めた方がいいと思います。

夫：ほんとそうですよね。実は，帰ってこの話をどう切り出して日程を決めた
　　らいいのか，今，心配してました。

Th：では，ここで日程まで決めて帰りましょうか。それで，次回それがどう
　　だったか聞かせていただいて，その状況で次のことを考えていきましょう。

　　SFAは，解決強要アプローチと揶揄されることがありますが（p.135），そ
うではないと多少感じてもらえたでしょうか。まずは丁寧に，二人の話に耳
を傾け，ゴールを明確化し，共有しました。その過程で，多くの原因と思わ
れるワードが飛び出してきましたが，それを否定せず受け止めた後，解決へ
の会話へシフトチェンジしていきました。その中で，二人の中にあるリソー
スや例外（この場合，例外というより，過去のうまくいっていた状況）を尋

ね，それを拡大していきました。結果，難しいことではなく，とてもシンプルな解決のイメージが生まれ，それを二人で共有するところまで，初回で進むことができました。なお，このケースは2回目でうまくいったことを報告してくれ，終結になりました。

　場合によっては，母子関係，発達障害というワードを丁寧に拾うこともあります。しかし，それはあくまで解決への材料と考えます。つまり，たとえば発達障害かどうかを知ることが目的になってしまうのを防ぎ，セックスレスの解消のために発達障害の理解をすることが役に立つのであればそこに触れるということです。幸いこのケースに関してはそこに触れることなく進めることができましたが，触れなければならないケースや，触れることにクライエントがこだわるケースに関しては別の流れになることもあります。ただ，ここで理解をしてほしいのは，夫婦でゴールを共有して，それに向かって役に立つことをしていくということです。そのために，性生活の詳細に触れる必要があることもありますし，プライドを傷つけないために丁寧に言葉を選ぶといった配慮が必要な場合もあります。

　ここではシステムズ・アプローチとSFAを軸にした二つのケースを紹介しましたが，家族療法の中でも，たとえば多世代派ではまた違った流れになると思います。もちろん，システムズ・アプローチやSFAを純粋なオリエンテーションにするカウンセラーでもアプローチが異なってくると思います。ただ，ここでは細かいアプローチではなく，夫婦に関わる臨床ということを少しでも感じてもらえたら幸いです。

　実際にカップルカウンセリングの領域は，家族療法の枠組みから派生した方法だけでなく，エモーション・フォーカスト・セラピー（EFT）や，ジョン・ゴットマン（Gottman, J.）夫妻の研究をベースにしたアプローチ，また認知行動療法によるアプローチなど多岐にわたります。まだまだ日本で紹介されているものは限られていますので，興味のある方はぜひ海外の文献にあたることをおすすめします。

より深めるための参考文献

- アイラ・D・グリック, ディビッド・R・ケスラー（著）鈴木浩二（訳）『夫婦家族療法』誠信書房　1983 年〔Glick, I. D., & Kessler, D. R. (1980). *Marital and family therapy* (2nd ed.). Grune & Stratton.〕
- ジョン・M・ゴットマン, ナン・シルバー（著）松浦秀明（訳）『結婚生活を成功させる七つの原則［新装版］』第三文明社　2007 年〔Gottman, J., & Silver, N. (1999). *The seven principles for making marriage work: A practical guide from the country's foremost relationship expert.* Crown.〕
- 東　豊（著）『DVD でわかる家族面接のコツ① 夫婦面接編』遠見書房　2012 年
- 平木典子・友田尋子・中釜洋子（著）『親密な人間関係のための臨床心理学――家族とつながり, 愛し, ケアする力』金子書房　2011 年
- サルバドール・ミニューチン, ウェイ‐ユンリー, マイケル・P・ニコルス（著）中村伸一・中釜洋子（訳）『家族・夫婦面接のための 4 ステップ――症状からシステムへ』金剛出版　2010 年〔Minuchin, S., Nichols, M., & Lee, W-Y. (2006). *Assessing families and couples: From symptom to system.* Allyn & Bacon.〕
- 中村伸一（著）『家族・夫婦臨床の実践』金剛出版　2011 年

13章

ナラティヴ・アプローチ1

　本章と次章では，11 章のソリューション・フォーカスト・アプローチ（SFA）と同じく第二世代の家族療法に含められるナラティヴ・アプローチ（Narrative Approach）についてご紹介したいと思います。ナラティヴ・アプローチには，「（いわゆる）ナラティヴ・セラピー」と「コラボレイティヴ・アプローチ」「リフレクティング・プロセス」「（オープンダイアローグを含めた）ダイアロジカル・アプローチ」があります。

　本章では，オセアニアで発展した「（いわゆる）ナラティヴ・セラピー」について紹介し，また次章では「コラボレイティヴ・アプローチ」「リフレクティング・プロセス」「（オープンダイアローグを含めた）ダイアロジカル・アプローチ」をご紹介します。

　ナラティヴ・アプローチとナラ

ナラティヴ・アプローチ

ナラティヴ・セラピー
Narrative Therapy

コラボレイティヴ・アプローチ
Collaborative Approach

リフレクティング・プロセス
Reflecting Process

ダイアロジカル・アプローチ
Dialogical Approach

　―オープンダイアローグ
　Open Dialogue

　―未来語りのダイアローグ
　Anticipation Dialogue

ティヴ・セラピーは言葉が似通っていますが，ナラティヴ・アプローチに含まれると考えられる，いわゆるナラティヴ・セラピーは，オーストラリアのマイケル・ホワイト（White, M.）や，ニュージーランドのデイヴィッド・エプストン（Epston, D.）によって，オセアニアで生まれ，発展しました。

　ナラティヴ・セラピー自体を一言で定義づけることは困難です。ナラティヴ・セラピーは，家族療法の流れの中で社会構成主義の考え方をより織り込んだ形でのセラピーとして発展してきたものと考えることができるかもしれません。システム論に基づく家族療法が，システムの悪循環を切断するために介入を試みるのに対し，ナラティヴ・セラピーでは，クライエントの持つ固有のナラティヴ（物語）に，そのナラティヴの主人公であるクライエントとセラピストの，コラボレイティヴな対話をもってアプローチしていきます。

1.　ドミナント・ストーリーとオルタナティヴ・ストーリー

　ナラティヴ・セラピーのことを説明する際，「再著述」「語り直し」「ドミナント・ストーリーを脱構築し，オルタナティヴ・ストーリーを分厚くする」などという言葉が用いられます。

　私たちは，複数のストーリーを同時に生きていると考えられます。たとえば，「カウンセラーとして働くようになった」という出来事を一つとってみても，その出来事を説明するのにいろいろな語り方をすることができます。

> A ：学生時代にいじめられたことがあるから，もともと心理学や人間関係に興味を持っており，大学・大学院まで進んで資格を取って，カウンセラーになりました。

という語りをすることもできますし，

B ：働きたくなかったんだけど，働かないわけにもいかないし，興味ある分野
　　を学んでいたら，大学時代には進路を決めきれず，そのまま就職活動はせ
　　ずに大学院への進学を選び，気がついたらカウンセラーになっていました。

や，

C ：音楽をやりたいと思って大学でバンドをしてたんだけど，やっぱり音楽で
　　食っていくのは難しいなと思って，自分の入っている学部の専門分野が心
　　理学だったから，音楽を諦めてカウンセラーになりました。

という語りをすることもできます。

　A〜Cの語りは全部事実であったとしても，その語り方によって受け手の
感じる印象は大きく変わるでしょう。Aの話を聞くと「いじめられた経験が
あるから，カウンセラーを目指した」と捉えられ，Bの話を聞くと「優柔不
断で怠け者で，流されてカウンセラーになった」と捉えられ，Cの話を聞く
と「本当にやりたいことを諦めて，妥協してカウンセラーになった」と捉え
られるかもしれません。

　上記のように，私たちは複数のストーリーを生きていると考えることがで
きますが，その中で支配的（ドミナント）になってしまっている物語（ストー
リー）をドミナント・ストーリーと呼びます。上記の例を絡めて言うと，「私
は優柔不断」というドミナント・ストーリーを分厚く（説得力のあるように）
するために「大学時代には進路を決められず，それで何となく大学院に行っ
てしまった」というような，「私は優柔不断」というドミナント・ストーリー
に合致するような形に，過去の記憶・経験を当てはめてしまう*かもしれませ
ん（他に優柔不断でないエピソードもたくさんあるのに！）。

　＊認知心理学の用語では，このことを「確証バイアス」という言い方をすることもできます。

それはあたかも夜空の星を見て
いるようです。夜空の星は無造作
に散らばっているのに，たまたま
近くに存在する星と星とを結び合
わせて，「星座」として私たちは認
識しています*。他の星もたくさん
存在しているのに，それらのこと
をまるで無視するかのように……。

　ナラティヴ・セラピーでは，こ
のようなドミナント・ストーリー
をシングルストーリー化させる
（たった一つの固定されたストーリーのみにする）ことなく，別のストーリー
として語り直し（再著述）をし，オルタナティヴ・ストーリー（代替となる
物語）を紡ぎ，分厚くしていくことを，クライエントとの共同作業を通して
行っていき，クライエントのエージェンシー（行為主体性）を支持していき
ます。

2. ドミナント・ストーリーを脱構築する

　ナラティヴ・セラピーでは，ドミナント・ストーリーとして，あたかも当
たり前のように語られている事柄を脱構築していくことが行われます。脱構
築とは，構築される前の段階に戻すことを指し，ドミナント・ストーリーを
構築される前の要素だけの状態に戻していきます。その方法として，「外在
化」が用いられます。

　＊ゲシュタルト心理学の用語では，このことを「知覚の体制化」という言い方をすることも
　　できます。

問題を外在化する

(1) 外在化

「外在化」は，ナラティヴ・セラピーの中で常に行われます。「外在化」とは，クライエントと問題を切り離すための方法です。セラピストは，クライエントと話す際に問題の「外在化」を絶えず行っていくことによって，クライエントが問題を「対象」として捉えられるように支援します。

たとえば，「私はうつでやる気が出ません」とクライエントが言うのに対して，「『うつ』が力を持っているときには，やる気を減らされてしまうのですね」と言うことができます。その場合「うつ」は，「クライエントの状態」として語られているというよりはむしろ，「クライエントに悪影響を及ぼす対象」として語られていると考えられるでしょう。

その他，「心配性」や「否定的な声」「怒り」といった形で，クライエントに内在すると考えられているものを，クライエントとは別のものとして外在化していくことができます。その際，それらの問題や症状のことを擬人化してみたり，名前をつけてみたりすることもあります。

つまり，ナラティヴ・セラピーの考え方では，「人が問題なのではなく，問題が問題なのだ」ということがいえます。

(2) 影響相対化質問

次に，外在化された問題はいつ生まれたのか，どんなときにその問題は強く（または弱く）なるのか，といった「問題の歴史」をたどっていきます。その中で使われるのが「影響相対化質問」です。「影響相対化質問」とは，問題がクライエントの人生に与えた影響やその度合い，また影響の与えられていない部分（問題の染み込んでいない部分）について質問をしていくことです。

問題を文脈に位置づけ，ユニークな結果（これまで焦点が当てられなかった側面）を発見し，ユニークな結果の歴史と意味を後づけることと，オルタナティヴ・ストーリーを名づけることをしていきます。

(3) 問題の脱構築

その問題が，問題として存在しているディスコースについて見ていきます。「当たり前のこと」とされている，問題にとっての前提，問題を支持することになるような考え，すなわちディスコースを脱構築していきます。それは，たとえば日本という社会において「当たり前のこと」とされているのかもしれませんし，あるいはクライエントの家族の中で「当たり前のこと」とされているのかもしれません。

(4) ユニークな結果

前述のように，人生に様々な出来事があるにもかかわらず，ドミナント・ストーリーに沿った出来事のみが強調されてしまうと，ドミナント・ストーリーは力をつけたままになってしまいます。そこで，問題からの影響が少ないときや全く問題からの影響がないとき（ユニークな結果）をクローズアップしていきます。

「ユニークな結果」を発見した後には，さらにそれを探求し，歴史を紐解い

ていきます。その中では「行為の風景に関する質問」や「アイデンティティの風景に関する質問」が行われます。

　　<u>行為の風景に関する質問</u>
　　「そのこと（ユニークな結果）が起きたときに，誰と一緒でしたか？」
　　「そのことは自分で決めて行ったのですか？　誰かに言われて行ったのですか？」

など，その「ユニークな結果」が起きたときに関する詳細を尋ねていきます。

　　<u>アイデンティティの風景に関する質問</u>
　　「この行動（ユニークな結果）は，あなたのどんな価値観から来ていますか？」
　　「この行動が行われたとき，あなたのどんな能力が発揮されましたか？」

など，その「ユニークな結果」が起きたときに関するクライエントの価値観や能力，クライエントにとっての「ユニークな結果」に対する意味などを尋ねていきます。

(5) オルタナティヴ・ストーリーの命名

　ドミナント・ストーリーの影響から逃れやすくするため，オルタナティヴ・ストーリー自体に，タイトルのように名前をつけていきます。オルタナティヴ・ストーリーに名前がつけられれば，その後にオルタナティヴ・ストーリーをより豊かに記述していき，分厚くしていくという作業へと進みます。

3. オルタナティヴ・ストーリーを分厚くする

　クライエントのストーリーとしての力を，オルタナティヴ・ストーリーに持たせるようにするためには，そのオルタナティヴ・ストーリーを聞く聴衆

にたくさん参加してもらうことが必要です。聴衆とはどのような人のことを指すのでしょうか。実在する人や，空想上の人もいるかもしれません。たくさんの聴衆に加わってもらうために，以下のような方法を試してみることができます。

(1) リ・メンバリング

クライエントの人生を会員制クラブにたとえるとします。クライエントの人生に関わった人たちはたくさんいると思いますが，その中でもオルタナティヴ・ストーリーを豊かにするのに重要な人物たちを慎重に選んでその会員制クラブに加わってもらいます。そのことをリ・メンバリング（re-membering）と呼びます。これは単に，自分の人生の中で重要な人物を思い出す（remembering）ということだけでなく，メンバーとして加わってもらうかどうか再度検討する（re-membering）という意味が含まれています。オルタナティヴ・ストーリーにおける出来事をよく知っている人，よく関わっている人，そのことをよく語れるであろう人を，セラピストからの質問によって聞いていきます。

実際にそれらの人たちには，手紙を送ったり，電話をしたり，インタビューをしたりして，クライエントのオルタナティヴ・ストーリーについて語ってもらう場合もあります。

ドミナント・ストーリーに貢献している人たちを，その人生の会員制クラブから除外することや，オルタナティヴ・ストーリーに貢献している人たちを迎え入れること，またそのオルタナティヴ・ストーリーに関わる語りが共有されることで，クライエントの物語は再著述されていきます。

(2) 治療的文書・治療的手紙

ナラティヴ・セラピーでは，様々な形の文書を治療的に活用します。たとえば，何か（クライエントにとって）大きなことを乗り越えたことの証明となる「認定証」のようなものだったり，（ドミナント・ストーリーに貢献する

ような）問題が染み込んだ文書に対抗するような文書，カウンセリングの中で決められた決め事を箇条書きにした文書などの可能性が考えられます。また，カウンセリングの記録や，カウンセリングの様子を収めた動画，音声などもその中に含めることができるでしょう。これらは，オルタナティヴ・ストーリーを支持するクライエントにとっての財産にもなります。

さらに，ナラティヴ・セラピーでは治療的な意味で，セラピストからクライエントや家族に対して手紙を書くことがあります。もちろん，誰にどのような内容を書いてもよいか，守秘義務のことも含めて確認しておくことが必要です。その内容は，カウンセリングの概要であったり，あるいはカウンセリングの中では触れられなかったが，クライエントや手紙を受け取る人にとってプラスになるようなことなどがありますが，いずれもオルタナティヴ・ストーリーを分厚くすることに貢献するものとします。

(3) 儀式・式典

これは，ドミナント・ストーリーからオルタナティヴ・ストーリーへと新たなステップを踏み出したことを祝う儀式・式典のことを指します。このような儀式を執り行うことで，オルタナティヴ・ストーリーが促進されるように切り替えやすくなります。

(4) 共同研究，リーグ，ネットワーク

問題を経験した人たちは，その問題と関わり乗り越える過程で，他の人にはなかなか得ることのできない智恵や能力などを持っています。そのような経験者（コンサルタントと呼ばれる）との（許可を得た）共同研究，問題について記述するアンチ拒食症リーグ（Vancouver Anti-Anorexia/Bulimia League, 1998; Madigan, 2011/ 児島ら監訳, 2015, pp.132-133），「問題」に対抗するチームやネットワークをつくるなどといった形で，ナラティヴを広げていくことで，互いにエンパワーし合うことができます。ここでいうリーグやネットワークでは，問題を乗り越える過程で得た知恵や能力を活かし，同じ悩み

を持つ人々の力になり，かつ自分の経験を役立てることができたと感じることへとつなげられます。

(5) アウトサイダー・ウィットネスグループと輪郭の規定式典

　ナラティヴ・セラピーでは，セラピストとクライエント間の対話を聞く人たちのグループが対話の証人として集められることがあり，そのグループのことをアウトサイダー・ウィットネスグループと呼びます。セラピストたちがそのメンバーになった場合はリフレクティング・チームと呼びますが，リフレクティング・チームについては，次の章でも紹介しています。

　アウトサイダー・ウィットネスグループは，ワンウェイミラーのある部屋の一方でセラピストとクライエント間の対話を行い，もう一方でグループが待機して耳を傾けることになりますが，ワンウェイミラーがない場所でも同じように行うことが可能です。

　また，そのアウトサイダー・ウィットネスグループでのプロセスのことを「輪郭の規定式典（definitional ceremony）」と呼び，次の 4 段階に分けられま

Column

　アリス・モーガン（Morgan, A.）の著書『ナラティヴ・セラピーって何？』（Morgan, 2000/ 小森・上田訳, 2003）では, definitional ceremony の訳として「定義的祝祭」という言葉が用いられていますが，ここではあえて「輪郭の規定式典」という言葉を用いました。definitional ceremony は，バーバラ・マイヤーホフ（Myerhoff, B. G.）から引用されたもので（Myerhoff, 1982, 1986），アウトサイダー・ウィットネスグループという人為的につくり出された聴衆に語られることにより，語られる事柄の記述がより豊かになり，輪郭が規定される（definitional）儀式（ceremony）という意味合いを含んでいます。「輪郭が規定される」とは，アウトサイダー・ウィットネスグループが，クライエント家族やセラピストの話から聴いたことについて語り直すことにより，そこで語られる事柄に新たな意味づけがなされ，輪郭がよりはっきりと規定されていくことを指しています。この儀式というプロセスを経て，ナラティヴの語り直しが進むと考えられます。

す。

1 セラピストとクライエント家族が，対話の中で再著述に挑み，アウトサイダー・ウィットネスグループはそれを傾聴します。

2 セラピストとクライエント家族はアウトサイダー・ウィットネスグループと交代し，セラピストとクライエント家族が話した内容について，話し合いがなされます。

3 クライエント家族がアウトサイダー・ウィットネスグループの対話内容についてコメントすることで，アウトサイダー・ウィットネスグループは，家族からの様々なフィードバックを得ることができます。

4 アウトサイダー・ウィットネスグループはセラピストとクライエント家族のところに行き，全員がこれまでの対話プロセスの中で話された内容について話すことができます。

　以上のようなプロセスを通し，クライエント家族のストーリーは，問題の染み込んだドミナント・ストーリーから，オルタナティヴ・ストーリーへと語り直しがなされていきます。

 より深めるための参考文献

- デイヴィッド・デンボロウ（著）小森康永・奥野　光（訳）『ふだん使いのナラティヴ・セラピー——人生のストーリーを語り直し，希望を呼び戻す』北大路書房　2016年〔Denborough, D. (2014). *Retelling the stories of our lives: Everyday narrative therapy to draw inspiration and transform experience*. W. W. Norton & Company.〕
- 国重浩一（著）『ナラティヴ・セラピーの会話術——ディスコースとエイジェンシーという視点』金子書房　2013年
- スティーヴン・マディガン（著）児島達美・国重浩一・バーナード紫・坂本真佐哉（監訳）『ナラティヴ・セラピストになる——人生の物語を語る権利をもつのは誰か？』北大路書房　2015年〔Madigan, S. (2011). *Narrative therapy*. American Psychological Association.〕
- シーラ・マクナミー，ケネス・J・ガーゲン（著）野口裕二・野村直樹（訳）『ナラティヴ・セ

ラピー——社会構成主義の実践』遠見書房　2014 年〔McNamee, S., & Gergen, K. (1992). *Therapy as social construction*. Sage Publications.〕

- アリス・モーガン（著）小森康永・上田牧子（訳）『ナラティヴ・セラピーって何？』金剛出版　2003 年〔Morgan, A. (2000). *What is narrative therapy?: An easy-to-read introduction*. Dulwich Centre Publications.〕

- Myerhoff, B. (1982). Life history among the elderly: Performance, visibility and re-membering. In J. Ruby (Ed.), *A crack in the mirror: Reflective perspectives in anthropology*. Philadelphia: University of Pennsylvania Press.

- Myerhoff, B. (1986). Life not death in Venice: Its second life. In V. Turner & E. Bruner (Eds)., *The anthropology of experience*. Chicago: University of Illinois Press.

- 野村直樹（著）『ナラティヴ・時間・コミュニケーション』遠見書房　2010 年

- 坂本真佐哉（著）『今日から始まるナラティヴ・セラピー——希望をひらく対人援助』日本評論社　2019 年

- Vanvouver Anti-Anorexia/Bulimia League (1998). Editorial. *Revive Magazine*. Vancouver, British Columbia, Canada: Yaletown Family Therapy Publications.

- マイケル・ホワイト（著）小森康永・奥野 光（訳）『ナラティヴ・プラクティス——会話を続けよう』金剛出版　2012 年〔White, M. K. (2011). *Narrative practice: Continuing the conversations*. W. W. Norton & Company.〕

- マイケル・ホワイト（著）小森康永（訳）『ナラティヴ・セラピー・クラシックス——脱構築とセラピー』金剛出版　2018 年〔White, M. K. (2016). *Narrative therapy classics*. Dulwich Centre Publications.〕

14^章

ナラティヴ・アプローチ2

　コラボレイティヴ・アプローチは，アメリカのハロルド・グーリシャン（Goolishian, H.），ハーレーン・アンダーソン（Anderson, H.）によって生まれ，発展しました。また，リフレクティング・プロセスは，ノルウェーのトム・アンデルセン（Andersen, T.）によって，MRI のチーム・アプローチやミラノ派家族療法から着想を得て生まれました。さらに本章では，ダイアロジカル・アプローチとしてまとめた形でご紹介しますが，その中でも特にオープンダイアローグについては心理臨床や精神医療の領域にとどまらず，日本でも知られるようになってきましたので，ご存じの方も少なくないでしょう。

　以上のようなそれぞれのアプローチについて，少しだけ紹介していきたいと思います。

1. コラボレイティヴ・アプローチ

(1) 概要

　コラボレイティヴ・アプローチは，グーリシャンとアンダーソンによるアプローチで，1988 年の論文「言語システムとしてのヒューマンシステム（Human systems as linguistic systems）」から始まりました。

　クライエントをはじめ，人によって表現される言語やコミュニケーションには，「完璧なもの」は決して存在せず（欠陥があるという意味ではなく），常に「未だ語られぬ部分」が残されていると考えられます。どれだけ言葉を尽くしても，その未知の部分が完全に明らかになることはなく，セラピストはクライエントとの対話を通して，その「未だ語られぬ部分」に眠る側面やリソースを協働して見つけていくプロセスが必要です。

　セラピーでは，問題解決を目指すのではなく，ただその対話を継続していくということが求められます。これまでの凝り固まった意味づけ，認識や行動，コミュニケーションに空間・余白の部分が生まれ，それが拡張されていくことから，変化へとつながっていくと考えられます。

(2) セラピストの姿勢

　セラピストは，セラピーにおいて無知の姿勢（not knowing）をとります。無知の姿勢とは，「クライエントこそが，クライエント自身の人生に関する専門家である」ということから，「セラピストは，その専門家であるクライエントに『教えていただく』という姿勢／立場をとる」ことを指します。

　コラボレイティヴ・アプローチにおけるセラピストは，参与観察者（participant observer）や参与マネージャー（participant manager）としての役割をとります。

1) 参与観察者

　セラピストは，問題を含むシステム（以下，問題システム）としてのクライエントや家族と対話を始める時点において，問題システムの一員となると考えられます。セラピストはその問題システムに参加しながら，その問題システムの内側からクライエントを理解すべく対話を行います。セラピストは，これまで凝り固まっていた意味づけや認識，行動，コミュニケーションにとどまることなく，できる限りオープンにするよう努め，その中では誰もが脅かされたり発言を制限されたりすることのないようにします。

2）参与マネージャー

　参与観察者のところで記したように，セラピストは問題システムの一員として内部からシステムを観察していると捉えることができます。そのシステムにおいては，円環的にコミュニケーションの相互作用が常に行われており，セラピストはシステムの一部といえるでしょう。セラピストは，そのシステムにおいて対話を行えるスペースを創造し，コラボレイティヴな姿勢をもってその対話を継続していくマネジメントを行っていきます。

(3) 問題や対話に対する捉え方

　コラボレイティヴ・アプローチでは，問題は「解決」されるものではなく，「解消」されるものと考えます。これまで「問題」と呼ばれてきたものが，対話の中で新たな意味が獲得されていくことによって，もはや「問題」ではなくなってくると考えられます。

　コラボレイティヴ・アプローチにおいて，「対話は問題の解決のために行われるのではなく，対話そのものを継続させるために行われる」と考えます。セラピストは主観を持たない中立的な立場ではなく，主観抜きでは存在できない一人の人間として，その対話の場に参加します。当然，セラピストは自分自身の意見を押しつけるようなことはせず，他のすべての参加者の考えや意見を大切にするのと同様に，セラピストの考えや意見も対話の場に出すことで，セラピストとクライエント，あるいは家族もともに変化していくことができます。そのような考えや意見を自由に出し合えるスペース（空間）を提供し，マネジメントしていくことがセラピストには求められます。

　客観性とは，あくまで概念上の存在でしかありません。人はそれぞれ存在している限り，それぞれの主観というフィルタを通して世界（社会）を眺めています。その「主観を持っていないことにして眺める」あるいは「それぞれの人の主観から離れたところから眺める」ことが客観性と考えられますが，それは決して外すことのできない「主観というフィルタ」を外したフリをして，主観的に「客観的になろう」としているにすぎません。

　このような概念上にしか存在しない「客観性」に基づいた「中立性」を目指すのではなく，各個人には主観性があることを前提とし，それら各個人の主観性が発揮される安全なスペースを生成することを，コラボレイティヴ・アプローチなどの対話的アプローチでは目指しているといえるでしょう。

2.　リフレクティング・プロセス

　リフレクティング・プロセスは，ノルウェーのアンデルセンによって行われるようになった面接の形態です。アンデルセンは，もともとミラノ派の家族療法の実践を行っていましたが，1985 年，若いセラピストと行っていた家族との面接において，ワンウェイミラーの後ろ側からそのセラピストに何度指示をしても，家族の語る悲惨な境遇の話へと巻き込まれてしまうことを経験しました。そのとき，彼らはこれまで温めてきたアイデアを実行に移すことを決めました。ワンウェイミラーの後ろ側から面接室に行き，そのドアをノックし，家族に役に立つかもしれないアイデアをいくつか持っていることを伝え，「もし興味がおありでしたら」と言いました。そして，「御家族も，先生も，皆さん，この部屋のその椅子に座ったままでいて結構です。この部屋の照明を暗くすることができる設備が整っているので，私たちの部屋の明かりをつけます。そうしたら，皆さんは私たちを見ることができ，私たちにはもう皆さんを見ることはできません。また，音声も切り替えが可能で，切り替えたら私たちの声が聞こえるようになり，私たちには皆さんの声が聞こえなくなります」（Andersen, 1991/ 鈴木訳, 2015）と伝えました。
　しばらく時間をかけてアンデルセンらが話し合った後，照明をもとの状態に戻したとき，これまでの家族とはかなり異なって感じられるような雰囲気と話の内容となり，家族との関係もこれまでとは異なるものへとなっていました。
　このような方法は，リフレクティング・チームという言葉で知られるようになりましたが，このリフレクティングという言葉は，フランス語の reflexion

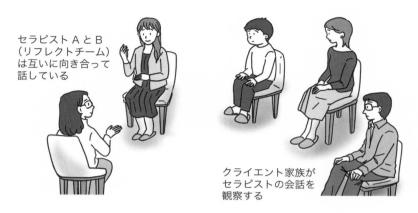

セラピストAとB
（リフレクトチーム）
は互いに向き合って
話している

クライエント家族が
セラピストの会話を
観察する

リフレクティング・プロセス

という言葉からきており、「聞いたことを理解し，反応する前に考えること」を意味しています。

　従来，ミラノ派の家族療法では，「セラピストとクライエント家族たちの会話」を聞いたことについて話す「セラピストチームの会話」は，クライエント家族には見えないところで行われていましたが，このリフレクティング・プロセスでは，クライエント家族たちがセラピストチームの会話を観察することによって，現実に対する様々な視点を取り入れやすくなり，また逆にそのクライエント家族たちが話すターンにおいては，セラピストチームが同じように様々な視点を取り入れやすくなるということが生じました。

　また，このような形態で対話を行うことで，外的対話と内的対話が行ったり来たりするためのスペースを十分にとることができるようになりました。外的対話とは，普段私たちが行っている他者との対話のことで，それに対する内的対話とは，外的対話を聞くことから生まれる自分自身との心の中での対話のことを指しています。内的対話と外的対話は常に並行して行われており（内的対話はそれぞれの個人の内部において，外的対話は個人と個人の間

内的対話

外的対話

**リフレクティング・プロセスでは外的対話
と内的対話がしっかりと確保できる**

でのやりとりとして），内的対話と外的対話が連なって行われていくことに
よって，対話のプロセスは進行していきます。

　リフレクティング・プロセスには，他者の対話（クライエント家族にとっ
てはチーム，チームにとってはクライエント家族の対話）を聞く自由も，聞
かない自由も保証され，それを聞きながら（あるいは聞かずに）ゆっくり考
える時間も与えられます。またクライエント（やその家族）は，セラピスト
チームから直接的に指示や意見を言われない構造になっていることから，セ
ラピストチームが話し合っている際のチームメンバーの意見・考えは，クラ
イエント（やその家族）にとって押しつけられるように感じにくくなります。

　以上のように，リフレクティング・プロセスの構造は，セラピーの空間に
対話スペースをつくることにつながります。そのスペースから創造性（新し
いアイデアなど）が生まれ，クライエント（やその家族）は主体性を支持さ
れることにより，自分たちで今後について選び取っていく自由を持ち続けら

れることとなるでしょう。

3. ダイアロジカル・アプローチ

オープンダイアローグをはじめとした「ダイアロジカル・アプローチ（対話実践）」は，家族療法の流れを汲んで生まれてきました。ナラティヴ・アプローチの一つとしてオープンダイアローグのことを捉えることもできますが，オープンダイアローグや未来語りのダイアローグのほかにもダイアロジカル・アプローチ，つまり対話を中心に据えたアプローチは多数ありますので，ここではダイアロジカル・アプローチとして紹介します（ある意味，コラボレイティヴ・アプローチもダイアロジカル・アプローチに入れることができるでしょう）。

(1) オープンダイアローグ (Open Dialogue: OD)

オープンダイアローグ（以下，OD）とは，1984 年頃ヤーコ・セイックラ (Seikkula, J.) らによってフィンランドの西ラップランド地方トルニオ市にある精神科病院，ケロプダス病院で始められた精神医療の対話実践のことで，その対象のメインを統合失調症としています。ですが，対象は統合失調症にとどまらず，あらゆる精神疾患や問題へと広げられ実践が行われています。また，OD はその多くを家族療法に由来します。OD は，単なる家族療法から派生した一手法というだけでなく，ケロプダス病院で行われた精神医療の取り組み全体や，そこにある思想・哲学も指しています。

ケロプダス病院では，患者やその家族から連絡を受けたスタッフが中心となり，チームメンバーを招集し，連絡を受けてから 24 時間以内に患者のもと（通常は患者の家に訪問するが，患者にとって安全・安心に感じられる場所なら他の場所でも構わない）に駆けつけ，およそ 1 時間半の対話を行います。セラピストが 2 名以上参加しますが，彼らは事前に家族療法のトレーニングを 2 年以上受けています。またその対話の場には患者の家族や，患者にすでに

関わっている社会的ネットワークのメンバー（看護師，介護士，ソーシャルワーカーなど）も入ります。

　その対話は，時間がくると一旦は終了しますが，次は1週間後，2週間後などではなく，翌日や翌々日など，できるだけ連続して行われ，患者にとっての危機がなくなるまで続けられます（当然，患者が途中で終わりたくなれば終わることができます）。

　ODは，ゆるやかな構造しか持たず，家族療法やソリューション・フォーカスト・アプローチ（SFA）のような介入技法が目立つわけでもなく，以下にあげられる7原則を守った形で「対話を継続する」ことを目的として行われます。

オープンダイアローグの7原則

1　すぐに対応すること
　Immediate help

2　社会的ネットワークの視点を持つこと
　Social network perspective

3　柔軟にフットワークを軽くして対応すること
　Flexibility and mobility

4　要求に応え，引き受けること
　Responsibility

5　できる限り同じ人が関わり続けること
　Psychological continuity

6　あいまいな状態に耐えること
　Tolerance of uncertainty

7　対話を続けること（多様性ある声を歓迎すること）
　Dialogue (and Polyphony)

（Olson, Seikkula, & Ziedonis, 2014 より引用）

1) オープンダイアローグの7原則

1 すぐに対応すること：ケロプダス病院では，連絡を受けてから24時間以内に対応するとされていますが，この「24時間」という数字自体に特別な意味はなく，危機にはできるだけ早く対応するべきだという意味です。

　危機というのは，「今，大変だから，今すぐ何とかしてほしい」「今，何らかのサポートがほしい」というものです。危機がたった今訪れているのに，1週間後や2週間後の対応では「もう遅い」状態になってしまいます。そのため，できる限り早い対応がODでは望まれます。

2 社会的ネットワークの視点を持つこと：家族療法では，これまでの個人療法から「家族」という関係性がセラピーの対象として加わりました。ODでは，そこに「社会的ネットワーク」というクライエントに関わる様々なサポートをする人たち（看護師，介護士，ソーシャルワーカーなど）が含まれます。人間社会という視点から見ると，一対一のセラピーや，一対家族のセラピーのような人間関係はむしろ不自然であり，クライエントに関わるあらゆる人間関係が良くも悪くもクライエントに影響を及ぼしているという意味から，社会的ネットワークの人たちも対話に参加します。

3 柔軟にフットワークを軽くして対応すること：それぞれのクライエントのニーズに合わせた対応ができるように心がけます。柔軟性を持ってクライエントのニーズに対応し，家でのミーティングの希望や病院でのミーティングの希望，毎日のミーティングの希望など，サービスにクライエントが合わせるのではなく，クライエントにサービスが合わせられるように努めます。

Column

オープンダイアローグは，フィンランドの精神医療の中で重視されたneed-adapted treatment（個々のニードに合わせた治療）に基づき提案されました。オープンダイアローグの7原則の3番目で示されている「柔軟にフットワークを軽くして対応すること」は，このような考え方に由来します。

4　要求に応え，引き受けること：縦割り行政のような形で担当を分けると，支援を受けられない溝となる部分がどうしても生じてきてしまい，たらい回しという事態が起きやすくなってしまいます。チームの中で対応が難しい場合でも，その中に関係者に加わってもらうなどしてミーティングで取り扱えるように努めます。

5　できる限り同じ人が関わり続けること：担当セラピストの部署の異動など，チームやサービス側の都合でコロコロ担当者が変われば，話がまた一からやり直しになってしまったり，これまでの話の流れを損ねてしまいます。そのようなことにならないように，できる限り担当セラピストが（少なくとも一人は）変わらないようにし，同じ担当セラピストが関わり続けられるようにします。

6　あいまいな状態に耐えること：精神疾患の診断をはじめ，悩みや問題と呼ばれるものは，あいまいなことが多く，結論を急いでしまったり，焦ってしまうことが少なくありません。確定診断や投薬，何をどうするかという決断・判断などについて，すぐ決めることはせず，ミーティングで意見の違いがあったとしても，そのままの状態でとどまって対話を続けます。

7　対話を続けること（多様性のある声を歓迎すること）：ミーティングでは，対話を継続するということ自体が重要とされます。対話の中では何か一つの方向，目標，結論に収束させることを目的とするのではなく，様々な考えや意見を出し合い，それらの考えや意見が異なった状態で（つまり，考えを一つにまとめていくのではなく）共有し，対話を続けていきます。

Column

オープンダイアローグの7原則の7番目で示されている「多様性のある声を歓迎すること」では，ロシアの哲学者ミハイル・バフチン（Bakhtin, M. M.）による「ポリフォニー（多声性）」という言葉が用いられています。オープンダイアローグの治療ミーティングでは，一つの結論に収束させようとか，ある事柄を理解させようとするのではなく，できるだけ多様な考え，意見がその場に共有されることを重視します。

2) オープンダイアローグの対話実践において守るべき鍵となる 12 要素

　また，OD には奏功した面接に見られる共通する要素として，以下のような 12 要素があげられています。リフレクティングを行わずとも OD は可能ですが，これらのことからリフレクティングは大きな一つの要素とも考えることができます。

1 二人（あるいはそれ以上）のセラピストがチームに参加していること：通常，OD は 2 ～ 3 名のセラピストがチームに参加します。セラピストが一人ではなく複数人いることは，一人のセラピストが権威を持つ支配的な形を避けやすくなり，またセラピストの間でもポリフォニックな（多声的な）状態をつくりやすくなります。また，セラピストが 2 名以上いることによって，リフレクティングも可能となります。

2 クライエントの家族と，関わる人たちのネットワークが参加していること：ミーティングには，クライエントとその家族，また関わるネットワーク（訪問看護師，介護福祉士，ソーシャルワーカーなど）が参加し，ポリフォニックな状態をつくります。つまり，クライエントにとって安全，安心と思える支援ネットワークにミーティングへと加わってもらいます。クライエントにとってミーティングに加わってほしい人には初めから関わってもらいます。クライエントにとって加わってほしくない人は参加しないことも決めることができます。

Column

　オープンダイアローグのミーティングでは，誰かが話しているときは，その人の話を遮らないように聴き，「話すこと」と「聴くこと」を分けます。すべての人が発言する機会を十分に与えられることが大切です。一見すると当たり前のように感じるかもしれませんが，意外とこの原則は多くの場面で守られていません。こういったすべての人を尊重した中で，対話は行われていきます。

オープンダイアローグの対話実践において守るべき鍵となる12要素

1　二人（あるいはそれ以上）のセラピストがチームに参加していること
　　Two (or more) therapists in the team meeting

2　クライエントの家族と，関わる人たちのネットワークが参加していること
　　Participation of family and network

3　開かれた質問が使われていること
　　Using open-ended questions

4　クライエントの発言に応答すること
　　Responding to clients' utterances

5　対話において，今この瞬間を大切にしていること
　　Emphasizing the present moment

6　対話において，複数の視点を引き出すこと
　　Eliciting multiple viewpoints

7　対話において，関係性という観点を創造すること
　　Creating a relational focus in the dialogue

8　問題とされる言説や行動に対し，「（「問題」として脚色せず）ただそういう事実がある」とありのままに捉え，その意味を慎重に吟味すること
　　Responding to problem discourse or behavior as meaningful

9　症状ではなく，クライエント自身の言葉やストーリーを大切にしていること
　　Emphasizing the clients' own words and stories, not symptoms

10　治療ミーティングにおいて，専門家間で会話が行われていること（リフレクティングの形式）
　　Conversation amongst professionals (reflections) in the treatment meetings

11　クライエントに隠し立てをせず，透明性を保つこと
　　Being transparent

12　あいまいな状態に耐えていること
　　Tolerating uncertainty

(Olson, Seikkula, & Ziedonis, 2014 より引用)

3 開かれた質問が使われていること：ミーティングにおける質問には，はい／い
いえで答えられるような閉じた質問ではなく，「どのようにして……」や「何
を……」で始まる自由度の高い開かれた質問を使用します。また，家族療法で
用いられる質問法やSFA，ナラティヴ・セラピーなどで用いられる質問法も用
います。そのため，これらの質問法がどのような考え，文脈において生まれた
かについて理解しておくことが望まれます。

4 クライエントの発言に応答すること：誰からも応答されないことより恐ろしい
ことはありません。クライエントの発言に対して，対話が継続するように常に
応答ができるようにしていきます。一問一答のような，あるいは詰問のような
形やクローズドクエスチョンにならないように，対話が広がっていくようにク
ライエントに応答をします。精神医療等において，クライエントによる妄想や
幻聴に関する話や，セラピスト側が「取るに足らない」と考えた話は無視され
るかぞんざいに扱われることがありますが，応答がなされないということはそ
の存在が受け止めてもらえないことにつながります。応答されるための発話*
として，セラピストたちは丁寧に受け止め，応答していくことが大切です。

5 対話において，今この瞬間を大切にしていること：ミーティングでは，過去や
未来について考えたり，どういう方法で話を進めていこうかといったことに気
をとられてしまい，自分自身の気持ちが「今，ここの身体の中」にないことが
少なくありません。自分自身の身体を感じ，今，この瞬間にその場所（面接室
やクライエントの家など）に存在していることを感じながら，対話を行います。

6 対話において，複数の視点を引き出すこと：7原則の「対話を続けること（多
様性のある声を歓迎すること）」でも記しましたが，一つの方向，目標，結論
に収束させることを目的とするのではなく，複数の考え・意見・視点があり，
それぞれが異なったものであるということを大切にし，それら複数の考えを一
つにまとめていくのではなく，戦わせるのでもなく，対話の場でできるだけ異

＊そもそも「発話」は応答されるべくして存在すると考えられます。発話が応答されること
によって，発話した人の存在が認められると捉えることができるでしょう。

なった複数の考えを出し，それぞれ共有します。

7　対話において，関係性という観点を創造すること：ミーティングにおいて，ク
　　ライエントの問題行動や言動，感情の発露などを単にクライエントの症状とし
　　て，あるいは診断名をつけることでラベリングするのではなく，家族関係をは
　　じめとした関係性の中でクライエントを見ていくことが重要です。

8　問題とされる言説や行動に対し，「（「問題」として脚色せず）ただそういう事
　　実がある」とありのままに捉え，その意味を慎重に吟味すること：問題行動や
　　問題に関する言説を，ただ「問題」として扱うのではなく，その「問題」と呼
　　ばれる事象・事実が「ただそこに在り（そこに生じ）」，かつ意味のあるものと
　　して捉え，その行動や言説がどのように生じたのか，そこにはどのような意味
　　があるのかということを考えていきます。

9　症状ではなく，クライエント自身の言葉やストーリーを大切にしていること：
　　クライエントを，そのクライエントが持つ症状のみの一側面で捉えてしまうこ
　　とは，あくまで部分的な理解にしかなりえません。その症状がクライエントの
　　中で，またクライエントの生きてきた人生の中で，どのような意味を持つのか
　　ということを考え，大切に取り扱うことは，ひいてはクライエントをよりよく
　　理解することにつながります。

10　治療ミーティングにおいて，専門家間で会話が行われていること（リフレク
　　ティングの形式）：ここでのリフレクティングとは，リフレクティング・プロ
　　セスから借用したものを指します。OD のリフレクティングでは，ワンウェイ
　　ミラーは用いずに，クライエントやその家族，社会的ネットワークなどの参加
　　者の目の前で，セラピスト同士が向かい合って（クライエントや家族，社会的
　　ネットワークの方を見ずに），ミーティング中に対話を行います。
　　そこでの対話は，クライエントに聞かせたいことを話すのではなく，他の参加
　　者たちに敬意を払いながらも，各セラピストがミーティングで思ったことを互
　　いに話し合います。この間，クライエントやその家族は心の中にいくぶんか余
　　裕（スペース）を持って各セラピストの考えや意見を聞くことができ，クライ
　　エントたち参加者の内的対話も促されます。

11 クライエントに隠し立てをせず，透明性を保つこと：精神科病院においては，日本も含めた多くの国々で，患者の意思とは関係なく強制的に入院させられたり，投薬や今後の方針について患者からは見えないところで決められたりという事態が起きています。OD では，そのように患者のいないところで患者に関する決定を行わないことが原則とされており，必ず患者を含めたミーティングの中で今後についての話し合いが行われます。

12 あいまいな状態に耐えていること：これはオープンダイアローグの 7 原則における「あいまいな状態に耐えること」と同様ですので，説明は省略します。

(2) 未来語りのダイアローグ（Anticipation Dialogue: AD）

　OD と同じく，フィンランドで生まれたトム・エーリク・アーンキル（Arnkil, T. E.）による対話実践のアプローチです。OD が精神医療の急性期を主な対象としているのに対して，未来語りのダイアローグ（以下，AD）は，教育や福祉領域を主な対象としています。

　アーンキルは社会学者ですが，家族療法や SFA などについても広く学び，セイックラらとの協働からこのアプローチが生まれてきたことを鑑みると，AD も少なからず家族療法の影響を受けたものと考えることができるかもしれません。

　AD では，「早期ダイアローグ（Early Dialogue: ED）」と呼ばれるパートがまずあり，未来語りのパートがその後に続きます。OD が構造化の程度がかなり低いのに対し，AD はある程度高いことが特徴的といえます。

1）早期ダイアローグ：早期介入ではなく，早期対話

　教育領域や福祉領域において，支援者（セラピストとは限らないため，ここでは支援者とします）が子どもへの専門的支援に関する懸念を持った場合，その懸念を切り出すことが保護者との関係を悪化させる可能性があります。その悪化させる可能性を考えた支援者が，その懸念を切り出さないことを選べば，支援者同士が協力できないことから，子どもの不利益になってしまう

でしょう。

　こうした事態を避け，支援者同士が協力し合う専門的支援へとつなげていくために，早い段階に支援者間での対話を行っていきます。

　支援者同士の対話を行う際，ミーティングを招集するのは支援者自身となります。支援者の一人がADのコーディネーターに依頼し，そこから関係する支援者たちにネットワーク・ミーティングへの参加要請を行います。ここでは，他の支援法のように「誰々（ここでは子ども）のことが問題である」という形で話題を提示するのではなく，「支援者自身の（その子どもへの支援に）懸念・心配があるので，私（支援者）を助けてほしい」という形で話題を提示すること（taking up one's worries）が特徴的です。

　ミーティングを招集する前に，その支援者とADのコーディネーターが事前に話し合い，ミーティング参加要請の手紙を出すなどしてミーティング準備を行い，未来語りへとつなげていきます。

2）未来語り：未来から現在を見つめる

　ADミーティングには，通常2名のADのファシリテーターが参加します。ADのファシリテーターが，その支援者の招集したミーティングの直接の関係者であることは好ましくないため，外部の人がファシリテーターを担います。

Column

　アーンキルは，日本人の野中郁次郎（経営学者。「場」を通じて暗黙知を共有する重要性を示した）らに影響を受け，西田幾多郎による「場」の概念をダイアローグに適用し，対話を行う「場」として「対話的空間」（dialogical space）を示しました。

　対話的空間は，物理的空間，時間的空間，社会的空間，心理的空間，言説的空間の五つから成り，ODやADではこうした対話的空間をつくることが，セラピストやファシリテーターの役割であるとも考えられます。

　まずはミーティングを招集した人から，参加している人たちがなぜ集められたかについて，「支援者自身の（その子どもへの支援に）懸念・心配があるので，私（支援者）を助けてほしい」という形で伝えます。その後，何らかの合図を用いて未来（1年後など）にジャンプする儀式をみんなで行い，「その1年後に，同じ場所に同じメンバーが集められた」という想定で，話し合いを続けます。

　最初にクライエントとその家族が質問を受けますが，その話し合いでなされる質問は次の三つです。すべて（ここでは1年後の）未来から，今を振り返る形で質問に答えます。

　「1年が過ぎてすべてのことがすこぶる順調です。現状をどのように感じていますか？」
　「この1年の間，あなたはどのようなことを行いましたか？　また，誰にどのように助けられて，今の状態になったのでしょうか？」
　「当時，あなたのことを悩ませていたものは何でしたか？　また，どんなことによって，あなたの悩みを和らげてくれましたか？」

　その後，ミーティングにおける支援者たちが，（ここでは1年後の）未来から，今を振り返る形でI messageを用いて質問に答えます。

Column

　ADのミーティングにおいて，それぞれのメンバーはI message（アイ・メッセージ）を用い，「私は……」という主語で思いを切り出します。「誰々が……」と他の人を主語にした場合，「誰々が悪い」という非難や，「誰々が◯◯をすべき」という押しつけになってしまうため，「私が，誰々のことを心配している」「自分に何ができるか」という形になるように発言します。

「今のこのよい状態を継続するために，あなたはどんなことをしましたか？ 誰があなたをどのように助けてくれたでしょうか？」

「当時，あなたのことを悩ませていたことは何だったのでしょうか？　何があなたの悩みを和らげてくれましたか？」

すべての参加者にこれらの質問を聞いた後，未来から現在に戻ってくる儀式を行います。みんなの気持ちが現在に戻ってきたら，「未来において，みんなが話したこと」を参考に，具体的にそれぞれの参加者がこれから行う行動についての具体的な計画を行います。

以上のような形で，「完全にすべてが解決してしまった未来」から，現在までのよくなったプロセスを考えることで，それぞれのミーティングのメンバーが「自分は何をすればよいか」を得ていくことができるのです。

11章および13章〜15章では，家族療法から発展的に生まれてきたアプローチであるSFA，ナラティヴ・セラピー，コラボレイティヴ・アプローチ，リフレクティング・プロセス，オープンダイアローグ，未来語りのダイアローグを紹介してきました。これらについては，簡単な紹介にとどめてありますので，さらに興味を持たれた方は，ぜひ他書で引き続き学んでください。

 より深めるための参考文献

- トム・アンデルセン（著）鈴木浩二（訳）『リフレクティング・プロセス──会話における会話と会話〔新装版〕』金剛出版　2015年〔Andersen, T. (1991). *Reflecting team: Dialogues and dialogues about the dialogues.* W. W. Norton & Company.〕
- ハーレーン・アンダーソン，ハロルド・グーリシャン（著）野村直樹（著・訳）『協働するナラティヴ──グーリシャンとアンダーソンによる論文「言語システムとしてのヒューマンシステム」』遠見書房　2013年〔Anderson, H., & Goolishian, H. (1988). Human systems as linguistic systems: Preliminary and evolving ideas about the implications for clinical theory. *Family Process, 27*, 371-393.〕
- ハーレーン・アンダーソン（著）野村直樹・青木義子・吉川　悟（訳）『新装版 会話・言語・そして可能性──コラボレイティヴとは？　セラピーとは？』金剛出版　2019年〔Anderson,

H. (1996). *Conversation, language and possibilities: A post modern approach to therapy.* Basic Books.〕

- トム・エーリク・アーンキル，エサ・エリクソン（著）髙橋睦子（訳）『あなたの心配ごとを話しましょう——響きあう対話の世界へ』日本評論社　2018 年〔Arnkil, T. E., & Eriksson, E. (2009). *Taking up one's worries : A handbook on early dialogues.* National Institute for Health and Welfare.〕

- トム・エーリク・アーンキル（著）『DIALOGICAL SPACE——対話的空間を生み出すということ』　デザインエッグ社　2019 年〔Arnkil, T. E. (2019). Co-generating dialogical spaces: Challenges for open and anticipation dialogues and dialogical practices in general. *International Journal of Collaborative-Dialogic Practices*, *9*(1), 37-50.〕

- Olson, M, Seikkula, J. & Ziedonis, D. (2014). *The key elements of dialogic practice in Open Dialogue.* Worcester, MA: The University of Massachusetts Medical School.

- ヤーコ・セイックラ，トム・エーリク・アーンキル（著）高木俊介・岡田　愛（訳）『オープンダイアローグ』日本評論社　2016 年〔Seikkula, J., & Arnkil, T. E. (2006). *Dialogical meetings in social networks.* Routledge.〕

- ヤーコ・セイックラ，トム・アーンキル（著）斎藤　環（訳）『開かれた対話と未来——今この瞬間に他者を思いやる』医学書院　2019 年〔Seikkula, J., & Arnkil, T. E. (2014). *Open dialogues and anticipations: Respecting otherness in the present moment.* National Institute for Health and Welfare.〕

- 矢原隆行 (著)『リフレクティング——会話についての会話という方法』ナカニシヤ出版　2016 年

15章

座談会
「家族療法の学び方・違いと，家族支援の未来」

浅井：本日は座談会ということで，坂本先生と，浅井・松本の3名でお話を始めていきたいと思います。どうぞよろしくお願いいたします。

松本＆坂本：よろしくお願いします。

家族療法の学び方

松本：では，まず坂本先生にお伺いしたいことがあります。家族療法，家族理解諸々を，授業で使ったり，学生に教えるにあたって，なかなか難しいと感じているのですが，その辺りのコツとかありますか？　伝える側もそうだし，教える側もそうですが，このように教えると学びになるよということを教えてください。

坂本：特に授業に限らないとは思うのですが，その難しさの理由の一つとして，心理学や臨床心理学などは基本的に個人内心理を出発点にしていることがいえます。もちろん私たちも心理学を学ぶきっかけになったのは，個人の心理を理解したいとか，そういうところから出発していると思います。なので，一般的にいえることかもしれませんが，個人の病理とか，その人格的な特徴から，なかなか頭が離れることが難しいというのは，いえることかなと思います。言い換えると，個人の内面に原因を

追究するという考え方からの切り替えが，パラダイムシフトというか，一番難しいところですね。

松本：他の授業では内面に目を向けることにかなり多くの時間を割いてきている学生に対して，その考え方や見方の癖のようなものを，家族療法ではちょっと変える必要があると示していくにあたって，もしコツとかがあれば教えていただければ。

坂本：相互作用として理解するということを，体験的にも理論的にも理解することかなと思います。つまり，人の存在というのは，相互作用の上に今の状態が成り立っているのだと実感をもって理解してもらうということですね。たとえば，ものすごく病理が重いとか深いとか思われている人でも，相互作用のあり方によっては，非常に健康度の高い人に見えたりとか，というのを，ディスカッションやロールプレイの中で見いだしていくことができればいいのかなと思っています。なので，ケース検討なんかでも，病理を中心にディスカッションしていく場合と，リソースを中心にディスカッションしていく場合，同じケースでも見え方が全く違ってくるということが経験できればいいのかなと思います。どうでしょうか？　お答えになっていますか？

松本：ありがとうございます。そうですね。個人的にどのように学生に伝えればいいか毎回考えていまして，それをうまく体験的に伝えられたらいいなと思っていました。

坂本：そうですね。スーパーヴィジョンでもそうですが，「いかに支援の難しい人か」というところからスタートしますね。それを本人の抱えている困難というようにスイッチを切り替えていくことが大事ですし，その本人が抱えている困難というところから，その困難そのものが相互作用的なところから生まれてくるということの理解につながっていくといい

のかなと思います。

家族療法とソリューション・フォーカスト，ナラティヴの違い

浅井：今のお話をお聞きして，僕も家族療法を教えたりしてますけど，家族療法とソリューション・フォーカスト・アプローチ（SFA）とナラティヴ，またシステムズ・アプローチとの違いを明確にするのは難しいと思います。これらはそれぞれ完全に違うわけではないので。家族療法の中で聞いている質問も，捉え方によってはナラティヴっぽいなと思います。そういうのって，坂本先生の中ではどのように捉えられていて，学生に教えていますか？

坂本：すごくうれしい質問を振ってくれて，いっぱいしゃべりたくなっちゃいますが，もうこれは家族療法に限らず，いつも説明するのは，「目的」についてです。何を目的とするかということを整理するとわかりやすいという話をしています。たとえば，精神分析であれば，無意識的葛藤とか抑圧を洞察するということを目的にする。行動療法であれば行動が変わることが目的。家族療法の分野でも，システムズ・アプローチではシステムを変えることが目的ですし，SFAではリソースを増やして解決を膨らませるのが目的。ナラティヴでは物語を変更するのが目的。コミュニケーションは営みなので，同じように見えることがあるんですね。たとえば，精神分析の先生が我々と同じことやっているよね，などと感じることはしょっちゅうあります。そこで，何が異なるかというと，目的だと思います。つまり，目指していることが違うので，いくらそのプロセスが同じように見えていても，登っている山が違うから，共通点を見いだしたところであまり意味はないかなと思っています。だから，学生も混乱するんですよね。いろんな心理療法があることについて，「全然違う考え方なのですごく混乱します」と言ってきますが，それは当然のことですよね。究極の目標は人の心の健康なので，どの療法でも同じですが，とりあえず目指しているところは違うので，それらを明確に意識することで，混乱を脱するまではいかないけど，整理することができる

のではないかと考えています。

松本：たとえば，クライエントを元気にするということを山登りにたとえて，
そのための登り方にはいろんなオリエンテーションや技法があるとい
う捉え方をしてもよいのでしょうか？

坂本：そうですね。そう捉えてもよいですが，ただね，そのメタファーの難し
いところは，「心の健康という大きな山」を目指しているわけですが，心
の想定も違うし，健康という想定も違うし，となると，同じ山を目指し
ていると思っていても，もしかしたらほんとはそうではないかもしれな
い。その可能性があることは考えておかなければいけないという気はす
る。同じ山だと思っていたら全然違う山じゃん！　ということは起こり
うるんじゃないでしょうか。

浅井：使っている言葉は一緒だけど，捉え方が違うと，同じ話をしているよう
で結局違う話をしている，みたいな。学派間ではありがちかなと。わり
あい，家族療法とか SFA とかナラティヴとか，その辺においては，同じ
捉え方をしているのではないかと思うのですがどうですか？

坂本：そうですね。数年前から授業の最初に「心ってどこにある？」と問いか
けるようにしています。そうすると，みんな「頭」「胸」とか大体，頭
派と胸派が半々ですね。ちょっと変わった人は「全身です」とか答える
人もいるんだけどね。システムズ・アプローチ，社会構成主義に基づく
心理療法は，人の内部に心を想定するのではなくて，人と人との間に心
があると考えているのではないでしょうか。なので，心の想定が違えば，
解決の仕方も当然変わってくるわけですね。

浅井：あいまいなものを僕らは扱っていますね。だから，概念として規定しな
いと，話の土俵というか，議題にすら上れないというか，話が先に進ま
なくなっちゃうから，お作法として，まずは，ワード（専門用語）の規
定とかルールを決めることによって，おそらく心理療法について議論を
しているんでしょうね。

坂本：そうでしょうね。

浅井：システムズ・アプローチでは個人の心を扱わない，なんて議論もありますが，そのあたりを坂本先生はどう思われますか？

坂本：心を扱わないなんてことはあり得ないのですが，先ほど述べたように「心」の想定が「人と人の間にある」という考え方なので，相互作用の結果としてのその人の状態として理解します。また，「心を扱う」ということにもいろいろな側面があるかと思いますが，たとえば「家族療法は病理を無視するのか」という疑問を家族療法以外の人から投げかけられることもあります。しかし，「病理が重い」とか「現実検討能力が低い」などといった見方はしません。ただ，少なくともその人は周囲からそのように見られており，その影響を受けているということは十分に考慮します。また，症状の存在やそれに伴う苦痛を無視するわけではありませんので，それらの緩和のために心療内科や精神科への受診をすすめることも積極的に行います。また，当然ですが，自傷行為などへのリスク管理も慎重に行うところは，他の心理療法と変わりありません。

家族療法, SFA, ナラティヴは「使い分け」るか？

浅井：坂本先生は，家族療法から SFA，ナラティヴといろいろされていますが，クライエントに対して，この人はこれでいこうとか選択したりされるんですか？　それとも，特にアプローチは定めずにしていて，たまたま流れで SFA ぽくなったり，ナラティヴぽくなったりするんでしょうか？

坂本：以前は結構意識していたんですけども，どうでしょうか。あんまり意識するとうまくいかないでしょ（笑），大体。そんなことはないですか？何かをやろうと思うとうまくいかない。ワークショップとかデモンスト

　レーションは別として，実際の臨床の場で，何かを想定してやろうとするとうまくいかない場合もあるな，と私は思うので。デモンストレーションは別に失敗してもごめんなさいでいいし，なんで失敗したか説明すればいいし。実際の臨床の場では失敗することができないので，私は想定はしてないですね。

浅井：話していると自動的にというか，たまたまそっちにいくということでしょうか？

坂本：そうですね。

浅井：僕もオープンダイアローグとか学んで，システムズ・アプローチと対極のような感じがするのですが，自分が何をやっているかわからなくなってくることがあります。オープンダイアローグをやっているつもりでも，「あれ？　システムズ・アプローチぽくなってる？」と思うときもあったり。でも究極は役に立てばどっちでもいいかなと思ってやっています。

坂本：それについて，私も聞いてみたかったんだけど，オープンダイアローグと近いのは，まずシステムズ・アプローチではないでしょ？

浅井：そうですね。

坂本：近いといえば，SFA でもないだろうし。

浅井：「オープンダイアローグと近いもの」ですよね？　オープンダイアローグと近いのは，その三つの中でいうと，ナラティヴなんですけど，より近いといえば，ロジャーズなんですよ。ロジャーズのパーソン・センタード・アプローチやベーシック・グループ・エンカウンターなんですよ。

坂本：いい話が出てきたと思います。わかる，わかる（笑）。ナラティヴとか の話を授業やワークショップでするときに，よく言われるのがそこです ね。ロジャーズ派に近いんですね，とよく言われるんですね。そのとき の返答としてよく使うのが，さっきと同じなんですね。近いところはあ るかもしれませんけど，目的が違いますよね，ということです。

松本：ナラティヴとかは，どちらかっていうと権威的であった家族療法に対す るアンチテーゼとして出てきている流れがあるわけじゃないですか？ それって言ってみたら，もともと家族療法をできる人たちが提唱してい るんですよね？

坂本：それはねぇ……そう思うんですよね。マイケル・ホワイトなどの事例を 見ると，相互作用の概念がなければできないのではないかと思うんです よ。コミュニケーションの相互作用から成るやりとりの訓練を相当積ん で，押してもダメなら引いてみなというような感覚をしっかりつかんで いることが大事だと思います。セイックラ氏もオープンダイアローグを 行う上で，もともと家族療法の訓練を受けていることを条件にしている じゃないですか。やっぱりそういうところかなと思います。

浅井：オープンダイアローグやっている人でも，二つに分かれるんですよね。 家族療法をやっていく中で，オープンダイアローグに興味を持った，も しくは，オープンダイアローグに興味を持ったから家族療法を学ぼうと する人。これが一つ。もう一つは，家族療法には特に興味を持たず，オー プンダイアローグだけやろうとする人。でも僕も坂本先生と同じよう に，オープンダイアローグには家族療法がベースになければ難しいよう な気がしているところがあります。

松本：それは実際に家族療法のベースがなくても何とかなるんですか？

家族療法からのオープンダイアローグと，人道支援からのオープンダイア ローグ

坂本：ならないんじゃないでしょうか（笑）。浅井先生が言われているタイプ

の一つは，家族療法の理論も含めて志向するタイプで，もう一つは家族療法にそれほど関心を持たないタイプの方たちだと思います。家族療法に関心を持たないタイプの方は，すべてではないかもしれませんが，家族療法の理論というよりも患者の権利擁護などに関心が高くて，オープンダイアローグの「患者のいないところで患者の話をしない」というような側面に共感して実践しようとしているのではないでしょうか。いずれにしろ，家族療法の理論を学ぶことはとても大切だと私は思います。なぜならば，支援がうまくいかないときに，ともすると「クライエント（あるいは家族）に問題がある」と支援者は考えてしまうことがあります。しかし，そのようなときこそ本書に出てくるような円環的因果律や相互作用の考え方に立ち戻ることで，支援者が自分の置かれている状況について客観的に理解することができるので，クライエント－セラピスト関係が壊れてしまうという不幸な事態を回避できるのではないでしょうか。家族療法に限らないのでしょうが，理論を学ぶということはセラピストの正気を保つ（笑）だけでなく，クライエントを守ることにつながるのだと思います。

浅井：似たようなことを考えたんですけど，クライエントを悪者にすることがあるかどうかはさておき，やっぱりうまくいかないときの危険性はあると思います。僕が，たとえば，今日はオープンダイアローグでいこうと思ってやろうとしても，なんかうまくいかないなと思うときは，システムズ・アプローチに変えてみたりとかもありうるわけです。面接中は，その「問題」とされていることのウラにはどんな例外があるのだろうと考えたり，外在化（p.155）して捉えることもあります。また，個人内のポリフォニー（p.172）としても，いろんな考えや質問したいことが浮かんできたりします。でも，そういった多様な視点がなくて，ただ，ポリフォニックにみんなで話し合いましょうということになったとき，突然誰かが暴れだしたりとか，すごい暴言を吐いたりしたら，どうなるかなと思います。そのときにシステム論的見方を含んだ多様な捉え方や方法がないと，なんだか怖い気がします。

坂本：全くその通りだと思いますね。

家族支援のミニマムエッセンスとしての家族療法

坂本：家族療法の未来に関することかとは思うんですけど，私が考える大切なことの一つは，家族をはじめ，複数の人を支援するときに，絶対的に必要なミニマムエッセンスとして家族療法の理論をちゃんと普及させることを考えていかなければならないと思います。これは，私の感覚ですが，「家族療法」という言葉が足を引っ張っていて，家族を変えなければならないとかいうような，特別な心理療法というイメージがあるように思います。そうではなく，これは家族支援に必要なお作法であるということで，一般化していく必要があるのかなと思います。対人援助に関わるすべての専門職が身につけるべきものとして，私たちはミニマムエッセンスを提供しないといけないでしょう。これは，家族療法の一つの方向性として大事なことと思います。なので，医学部，教育学部，看護学部とかいろんなところに家族療法の専門家が配置されることが必要ではないかと思いますね。

松本：家族システム論の研修会を，僕の師匠である中村正先生が高齢者を支援している人たち向けの領域でやっていて，すごく評判がいいですね。高齢者虐待に対応している人たちが集まり，抱えている問題を，システムとして捉え直して，みんなで意見交換をするんです。このやりとり自体がすごく彼らを元気づけているんですよね。

こんな活動がもっともっと広がっていけばいいなと思っていて。最近弁護士さんとお仕事する機会が多いのですが，やっぱり法廷ってシステムを見ないんです。どちらかというと，内面的な問題や反省を見るのが好きな文化だと感じます。そこに今後どういうふうにシステムを取り入れていくかが大きなテーマなのかなと，最近感じています。どうして

も反省ありき，内省ありきになっちゃいますので。

浅井：でも，逆によいところを考えると，やっぱり
心理学とか，カウンセリングという言葉もそ
うですが，好きな人は好きだし，嫌いな人は
嫌いじゃないですか。あいまいなものだし，
そういうのは信じないとか言う人も。本来，
信じる信じないじゃないのですが。そういう
意味でも，家族療法という言葉でなくて，家
族支援という文脈では，家族支援という言葉

を使って，心を見るのではなく，関係を見るという方が，一般的には，
ある意味ウケがいいと思いました。

坂本：たぶん，どんなオリエンテーションでも，対人援助で関わる人で家族の
ことを考えない人はおそらくいないと思います。ですが，家族に対する
見方，家族に対する影響とかの見方は，みんなそれぞれ，家族支援を専
門としている人以外の人は，我流でやっているので，この家族はひどい
とか，この家族はいいとか，家族への評価のみにとどまってしまうとい
うことが起こりやすいと思っています。それは家族支援としてはあまり
望ましい支援ではないですよね。

浅井：もっと言えば，家族だけではないですよね。対人関係，人間関係あると
ころすべてですよね。

坂本：ひきこもり問題の研修会のときに，「不登校は家庭に問題がある」と主
張していた方がいらっしゃったのですが，そのように考える方も多いの
かもしれません。けど，相互作用として考えるのであれば，子どもが学
校に行けなくてごちゃごちゃした状態で，家庭が平和であることは稀で
はないでしょうか。そうやって考えていく柔軟性を持つことが家族療法
のよいところだと思います。

浅井：僕は最近，家族療法をやっているときにトラウマが出てきたら，すぐト
ラウマケアの方向にいっちゃうことがあるので，これは良いのやら，悪

いのやら。

坂本：それは良くないと思いますよ，というのは冗談ですが（笑）。どういう
　　　タイミングでトラウマのことを問題とするのかというところも大切に
　　　なってきます。デメリットとしては，そのことばっかりに頭がいってし
　　　まってクライエントとこちらの相互作用や，家族メンバー同士の相互作
　　　用に目がいかなくなっちゃうことが起こりえるかもしれません。

浅井：そうですね。自分の脳にも限界があるので，両方出てきたら，このケー
　　　スはどっちでやろうかなと迷いますね。さっきの家族療法と SFA の話で
　　　はないですけど，家族療法的に扱うならトラウマは置いといて，逆にト
　　　ラウマ治療をするなら，家族療法的なところはややおろそかになってい
　　　るかもしれませんが，とりあえずトラウマ治療をしようと考えますね。

坂本：そうですね。「トラウマ」の概念が当事者や家族にどのような影響を与
　　　えているのかについて理解していくことが大切です。

松本：個人的には，カウンセリングに来られたケースをシステムとして構えて
　　　動かしたときに，トラウマの力が強すぎてシステムが動かない場合は，
　　　トラウマを扱おうかなと感じています。たとえば，夫婦関係はよくなっ
　　　たけど，どうしても「思い出してしんどい」ってなったときに，初めて
　　　トラウマを扱うイメージでしょうか。

浅井：たしかに。家族関係に膠着状態があって，「もしトラウマが処理された
　　　ら，この膠着状態が変わるのにな」と思ったときは，とりあえず EMDR
　　　をしておこうかなということもあります。

坂本：それは家族療法的に考えると，「トラウマが強すぎて」ということでは
　　　なく「トラウマ言説が強すぎて」という表現になるかもしれません。だ
　　　から，トラウマ言説の強さに影響を受けていて，にっちもさっちも動き
　　　づらい状態なので，とりあえず，トラウマ言説に対処するためにトラウ
　　　マ治療をする。軽さ重さというよりも，そのことがどう影響するか，あ
　　　るいは，しているかだと思います。「トラウマ」という定義づけ自体に，

まずは大きな意味合いがあると思います。

浅井：「トラウマがあるからこうなっている」という言説によって，トラウマは直接扱わないけど，家族療法がうまくいくときもあります。「トラウマのせいだからこの人のせいではないよね」と話しやすいですね。

坂本：そうです。ただ，難しいのが「トラウマを引き起こしたのが他の家族メンバーの誰か」という場合ですよね。その場合は，やはり文脈やナラティヴを扱っていくという視点が必要になると思います。

浅井：それは個々のケースによって，それぞれ考えることになるだろうと思うのですが，難しい部分ですね。では，そろそろ時間が来ました。

松本：おかげさまでお話していて元気になりました。

坂本：楽しかったです。今日の内容だけで，本一冊になりそうですね。

坂本＆松本＆浅井：ありがとうございました。

人名索引

• あ行

アーンキル，トム・エーリク（Arnkil, T. E.）
177

アッカーマン，ネイサン（Ackerman, N. W.）
11, 113, 114

アンダーソン，ハーレーン（Anderson, H.）
121, 163

アンデルセン，トム（Andersen, T.）　121, 163,
166

ヴァレラ，フランシスコ（Varela, F. J.）　49,
114

ウィークランド，ジョン（Weakland, J.）　115

ウィーナー，ノーバート（Wiener, N.）　47,
115

エプストン，デイヴィッド（Epston, D.）　152

エリクソン，ミルトン（Erickson, M. H.）　12,
90, 113, 115

• か行

ガーゲン，ケネス（Gergen, K. J.）　114

キャノン，ウォルター（Cannon, W. B.）　48

グーリシャン，ハロルド（Goolishian, H.）
121, 163

ゴットマン，ジョン（Gottman, J.）　149

• さ行

サティア，ヴァージニア（Satir, V.）　115

サリヴァン，ハリー・スタック（Sullivan, H. S.）
115

ジャクソン，ドン（Jackson, D. D.）　48, 113,
114, 115

セイックラ，ヤーコ（Seikkula, J.）　121, 169

• た行

チェキン，ジャンフランコ（Cecchin, G.）
118

デリダ，ジャック（Derrida, J.）　114

ド・シェイザー，スティーヴ（de Shazer, S.）
120

• は行

バーグ，インスー・キム（Berg, I. K.）　120

パラツォーリ，セルヴィーニ（Selvini Palazzoli,
M.）　118

フォン・ベルタランフィ，ルートヴィッヒ（von
Bertalanffy, L.）　26, 115

プラータ，ジュリアナ（Prata, G.）　118

フラモ，ジェームズ（Framo, J.）　118

フロム＝ライヒマン，フリーダ（Fromm-
Reichmann, F.）　115

ベイトソン，グレゴリー（Bateson, G.）　33,
113

ヘイリー，ジェイ（Haley, J.）　77, 113, 115,
116

ベル，ジョン（Bell, J. E.）　11

ベルナール，クロード（Bernard, C.）　48

ボーエン，マレー（Bowen, M.）　117

ボスコロ，ルイジ（Boscolo, L.）　118

ボゾルメニ＝ナージ，イヴァン（Boszormenyi-
Nagy, I.）　57, 118

ホワイト，マイケル（White, M.）　121, 152

• ま行

マーラー，マーガレット（Mahler, M）　117

マダネス，クロエ（Madanes, C.）　116

マトゥラーナ，ウンベルト（Maturana, H. R.）
49, 114

ミニューチン，サルヴァドール（Minuchin, S.）
53, 71, 116

• ら行

リスキン，ジュールス（Riskin, J.）　115

リンズレー，オージャン（Lindsley, O. R.）　36

ワツラウィック，ポール（Watslawick, P.）　35,
113, 115

● あ行

相性　59
アイデンティティの風景に関する質問　157
IP（identified patient; 患者とみなされたもの）
　17
あいまいな状態に耐えること　177
アウトサイダー・ウィットネスグループ
　160
悪循環を切断する　58
アコモデーション（accomodation）　61
アッカーマン研究所（Ackerman Institute of the
　Family）　114
アップポジション　68
アナログモード　39
EMDR　111
インターセッション　119
インターベンション（介入）　120
影響相対化質問　156
S-R 理論　7
S-O-R 理論　7
エナクトメント（実演化）　88
NLP（神経言語プログラミング）　12
MRI（Mental Research Institute）　12, 113
円環性　119
円環的因果律　26
円環的因果論　26
円環的思考法　26
円環的認識論　26
オートポイエーシス　49
オープンダイアローグ（Open Dialogue: OD）
　16, 121, 151, 169
オープンダイアローグの対話実践において守
　るべき鍵となる 12 要素　173, 174
オープンダイアローグの 7 原則　170
オルタナティヴ・ストーリー　152
オルタナティヴ・ストーリーを分厚くする
　157

● か行

外在化　155
下位システム　71
外的対話　167
仮説化　119
家族ゲーム　118
家族構造　71
家族ホメオスタシス（family homeostasis）
　48
カップルカウンセリング　137
観察　56
観察されたシステム　47
観察するシステム　47
間接的コンプリメント　66
偽解決　29
儀式・式典　159
逆説処方（パラドックス）　94
逆説的介入　117
境界線（boundary）　72, 116
共同研究　159
ケロプダス病院　169
言語システムとしてのヒューマンシステム
　（Human systems as linguistic systems）
　163
現代催眠（エリクソン催眠）　12
権力（power）　72, 74, 116
行為の風景に関する質問　157
恒常性　48
構造派家族療法　16, 53, 116
個々のニードに合わせた治療（need-adapted
　treatment）　171
個体化（individualization）　118
コミュニケーション・アプローチ
　（Communication Approach）　115
コミュニケーションの暫定的公理　35
コミュニケーション（MRI）派家族療法　16,
　115

語用論　32
コラボレイティヴ・アプローチ　16, 121, 151, 163
コンテクスト（文脈）　31
コンテンツ（内容）　31
コンプリメント（褒める／ねぎらうこと）　64

● さ行

サイバネティックス　47
サブシステム　71
参与観察者（participant observer）　164
参与マネージャー（participant manager）　164, 165
ジェノグラム（家族樹形図）　99, 117
自己生産　49
自己生成　49
システミック家族療法　118
システム理論　26
死人テスト（Dead-man Test）　36
社会構成主義　43
ジョイニング（joining）　51, 53, 106
上位システム　71
症状処方　94, 116
精神力動的家族療法　16, 114
セッション　119
戦略派家族療法　16, 116
早期ダイアローグ　177
相互影響アプローチ（The Interactional View）　115
操作的診断基準　46
相補的（complementary）　40
ソリューション・フォーカスト・アプローチ（Solution-Focused Approach: SFA）　16, 120, 123

● た行

ダイアロジカル・アプローチ　151, 169
第一次変化　30
第一世代家族療法　16
対称的（symmetrical）　40
第二次変化　30, 31
ダウンポジション　68
多世代派家族療法　16, 117
脱構築　154

ダブルバインド理論　33
チーム・アプローチ　93
中立性　119
直線的因果律　26
直線的因果論　26
直線的思考法　26
直線的認識論　26
治療的ダブルバインド　34, 94
治療的文書・治療の手紙　158
taking up one's worries　178
提携（alignment）　72, 73, 116
デジタルモード　39
同盟（alliance）　73
ドミナント・ストーリー　152
トラッキング（tracking）　61

● な行

内的対話　167
ナラティヴ・アプローチ　121, 151
ナラティヴ・セラピー　16, 121, 151
ニューヨーク家族研究所　114
ネガティヴ・リフレーミング　87
ネットワーク　159
ノーマライゼーション（normalization）　86

● は行

パターンを崩す　58
パロアルト・グループ　113
パンクチュエーション（punctuation）　38
BFTC（Brief Family Therapy Center）　120
Family Process　114
フィラデルフィア児童ガイダンス・クリニック（Philadelphia Child Guidance Clinic: PCGC）　116
ブリーフセラピー　16, 120, 123
プレセッション　119
文脈療法　118
分裂病患者におけるダブルバインド仮説　35
ペーシング（ペース合わせ）　57
母子共生仮説　117
ポジティヴ・コノテーション　88
ポジティヴ・リフレーミング　78
ポストセッション　120

ホメオスタシス（homeostasis）　48
ポリフォニー（多声性）　172

• ま行
マイム（meimsis）　61
未来語りのダイアローグ（Anticipation Dialogue: AD）　16, 151, 177, 178
ミラノ派家族療法　16, 118
無知の姿勢（not knowing）　164
メタファー　117
問題の脱構築　156

• や行
融合（fusion）　117
ユーティライゼーション（有効利用化）　90
ユニークな結果　156

抑制処方　117

• ら行
ラポール（rapport; 信頼関係）の形成　51
リーグ　159
リソース（資源）　124
リフレーミング　77, 78, 117
リフレクティング・チーム　166
リフレクティング・プロセス　16, 121, 151, 166
リ・メンバリング　158
輪郭の規定式典　160
連合（coalition）　73

• わ行
ワンアップ（one up）　68

【編者】

浅井伸彦（あさい・のぶひこ） 1〜8章・10章・13章・15章

　一般社団法人国際心理支援協会 代表理事，株式会社 Cutting edge 代表取締役，臨床心理士，公認心理師，保育士，The certificate that qualifies to act as responsible supervisor, trainer and psychotherapist for dialogical approach in couple and family therapy（オープンダイアローグ国際トレーナー資格）。

　専門は，家族療法，オープンダイアローグ，トラウマケア。国際心理支援協会では，家族療法やオープンダイアローグに関するトレーニングを行っている。著書に，「逆転の家族面接」（分担執筆，日本評論社）他がある。

【著者】

松本健輔（まつもと・けんすけ） 9章・11章・12章・15章

　カップル・夫婦の専門相談機関 Hummingbird 代表，一般社団法人日本 SFA 協会 理事，臨床心理士，公認心理師，Master Solution-Focused Practitioner。

　専門はカップル・夫婦。主に離婚，不倫，セックスレス，DV など高葛藤のカップルのカウンセリングが専門。著書に，「逆算子育て術」（共著，ICE 新書），「実践 離婚事案解決マニュアル」（分担執筆，日本加除出版）がある。

【監修者】

坂本真佐哉（さかもと・まさや）

　神戸松蔭女子学院大学人間科学部心理学科 教授／副学長，臨床心理士，公認心理師。日本家族療法学会認定スーパーヴァイザー。灘中学・灘高校スクールカウンセラー。

　家族療法（システムズ・アプローチ），ナラティヴ・セラピー，ブリーフセラピーなどに関心を寄せている。著書に，「今日から始まるナラティヴ・セラピー」（日本評論社），「逆転の家族面接」（分担執筆，日本評論社），「暮らしの中のカウンセリング入門」（分担執筆，北大路書房）他がある。

はじめての家族療法

クライエントとその関係者を支援するすべての人へ

2021 年 9 月 20 日　初版第 1 刷発行
2023 年 12 月 20 日　初版第 4 刷発行

編著者　　浅 井　伸 彦
著　者　　松 本　健 輔
監修者　　坂 本 真 佐 哉
発行所　　㈱北大路書房
〒603-8303 京都市北区紫野十二坊町12-8
電話　（075）431-0361㈹
FAX　（075）431-9393
振替　01050-4-2083

本文イラスト／十倉実佳子
装丁／上瀬奈緒子（綴水社）
印刷・製本／シナノ書籍印刷㈱

©2021　検印省略
定価はカバーに表示してあります。
落丁・乱丁本はお取り替えいたします。
ISBN978-4-7628-3165-2
Printed in Japan